알짜배기 예제로 배우는 VR/AR 모바일 앱 개발

손에 잡히는
유니티 3D VR/AR

알짜배기 예제로 배우는 VR/AR 모바일 앱 개발

손에 잡히는
유니티 3D VR/AR

AUGMENTED REALITY

REALITY

NEW

AR

3D

VR

VIRTUAL REALITY

BJPUBLIC

서문

멀게만 느껴졌던 가상현실/증강현실(VR/AR)이 점점 우리 곁으로 다가오고 있는 느낌입니다. 가상현실 속에서 우리는 온라인으로 사람들과 소통하기도 하고 리듬 게임을 즐기거나 공포 체험을 하기도 합니다. 인테리어나 건축업계에서도 가상현실을 이용하여 집 안 내부를 둘러 보거나 집의 구조를 미리 만들어보고 교육업계에서도 가상현실을 이용한 체험적 교육을 발 전시키고 있습니다.

이같은 사회의 흐름 속에서 증강현실과 가상현실에 대한 사람들의 관심은 높아져만 가지만 대부분 관심의 단계에서 머무르고 더 나아가지 못한다는 점이 굉장히 안타까웠습니다. 그리 하여 가상현실/증강현실 콘텐츠 개발에 관심이 있고 또 실제로 만들어 보고 싶으신 분들에게 개발 과정을 소개시켜 드리고 싶어 이 책을 쓰게 되었습니다. 이 책은 가상현실/증강현실이 무엇인지부터 시작하여 몇 가지의 가상현실/증강현실 콘텐츠를 같이 만들어보는 과정을 담 은 "가상현실/증강현실 콘텐츠 개발서"입니다.

이 책에서는 먼저 가상현실/증강현실 콘텐츠를 만들기 위해 업계에서 많이 이용되는 유니티 3D라는 툴을 다루는 법을 익히고, 가상현실/증강현실 콘텐츠를 만들기 위한 도구인 뷰포리 아, ARCore, Google VR SDK 등의 여러 소프트웨어들을 이용하는 방법을 익힙니다. 간단한 드래그 앤 드롭만으로도 증강현실 콘텐츠를 만들어보고 더 나아가 실제로 코딩을 하여 복잡 한 가상현실 세계를 꾸며보기도 합니다.

지금까지 오프라인 강의를 다니면서 많은 수강생 분들을 만났지만 모두 각자 가상현실/증강현실을 통해 표현하고 싶은 바가 뚜렷했습니다. 이 책을 선택하신 예비 독자분들도 마찬가지라고 생각합니다. 다만 무엇부터 시작해야 할지 감이 없으실 것입니다. 이 책 내의 예제들을 하나하나 따라서 만들다 보면 마지막에는 본인이 원하는 콘텐츠를 어떻게 만들 수 있는지 기획하고 구현할 수 있는 능력이 생길 것입니다.

이 책의 콘텐츠 기획에 많은 도움을 주신 HelloVR 식구들(서만호, 이황희, 류지호, 박소현, 박소영)과 이 책이 출간될 수 있게 도와주신 비제이퍼블릭 관계자 분들에게 모두 감사드립니다. 또한 이 책을 선택해주신 독자 여러분에게도 감사를 전합니다.

저자 소개

최윤석

일리노이 대학에서 컴퓨터 공학 학사를 전공하고 현재 HelloVR의 공동 창업자이자 이사로 재직 중이다. 세종대학교 SW 중심대학 지원사업 구민교육을 진행했고, 패스트캠퍼스, Bloter 와 Udemy 등에서 꾸준히 VR/AR 강의를 맡고 있다. 또한 아주대, 상명대에서 가상현실 증 강현실 체험, 개발 교육에 참여하고 있으며 한국미래기술교육원, 한국산업기술진흥협회에서 VR/AR 콘텐츠 관련 세미나를 진행하는 등 VR/AR 기술의 발전을 위해 많은 노력을 기울이 고 있다.

차 례

서 문 ·· v

저자 소개 ·· vii

Chapter 01

가상현실/증강현실 ······································ 1

   1. 가상현실이란? ······································ 1

   2. 가상현실의 역사 ·································· 3

Chapter 02

가상현실/증강현실 콘텐츠 개발 환경 설정 ······ 5

   1. 유니티란? ·· 5

   2. 유니티의 설치 ···································· 6

   3. 유니티 개요 ······································ 11

   4. 유니티 실습 ······································ 17

   5. 뷰포리아 기초 ·································· 30

Chapter 03

증강현실 프로젝트 1 : 광고 콘텐츠 45

1. 프로젝트 생성 및 환경 설정 45
2. 동영상 재생하기 47
3. 3D 에셋 넣어보기 51
4. 파티클 시스템 추가하기 53
예제 01. 원통형 마커 등록하기 58

Chapter 04

증강현실 프로젝트 2 : 카드 게임 만들기 61

1. 프로젝트 생성 및 환경 설정 61
2. 타깃 이미지 설정 64
3. 타깃 이미지에 로봇 오브젝트 연결 65
4. 다중 타깃 인식 67
5. 스크립트 작성 및 레이캐스트 구현 70
6. 오브젝트에 애니메이션 넣기 78
7. 다른 오브젝트 컴포넌트에 접근하기 88
예제 02. 컨트롤러 구현하기 96

Chapter 05

뷰포리아를 이용한 가상 버튼 만들기 103

1. 가상 버튼이란? 103
2. 애니메이터 컨트롤러 사용하기 109
예제 03. 뷰포리아의 물체 인식 사용해보기 114

Chapter 06

뷰포리아를 이용한
Markerless 증강현실 콘텐츠 만들기 125

1. Ground Plane Detection 125
2. 자동차 오브젝트 적용하기 129

Chapter 07

가상현실 프로젝트 1 : 모델하우스 만들기 133

1. 뷰포리아로 VR 콘텐츠를 만들기 위한 환경 설정 133
2. 모델하우스 만들기 137
   예제 04. 버튼 터치로 매터리얼 변경하기 160

Chapter 08

가상현실 프로젝트 2 : 우주 전투 게임 만들기 171

1. 뷰포리아를 이용한 가상현실 개발 세팅 171
2. Skybox로 배경화면 설정 173
3. 가상현실 월드에 오브젝트 배치 175
4. 오브젝트끼리의 충돌 184
5. 사운드 소스 추가하기 194
6. 무작위로 오브젝트 생성하기 197
7. 다수의 씬을 운용하기 200
8. 뷰포리아의 양안 모드와 한 화면 모드 설정하기 210
9. 정보를 저장하는 PalyerPrefs 이용하기 215
10. 응용하기 218

Chapter 09

안드로이드 폰으로 빌드하기 231

1. 안드로이드 SDK 설치 231
2. 안드로이드 JDK 설치 236
3. 유니티 환경 설정 238
4. 유니티에서 안드로이드로 빌드하기 239

Chapter 10

Google VR SDK를 이용하여
360 VR 콘텐츠 만들기 241

1. Google VR SDK 설치 241
2. 360 실사영상 넣어 보기 245
3. 인터랙션 넣기 253

Chapter 11

Region Capture를 이용하여
색칠하기 콘텐츠 만들기 261

1. Region Capture 다운로드하기 261
2. 오리 오브젝트에 색 입히기 266

찾아보기 274

가상현실/증강현실

1. 가상현실이란?

최근 들어 가상현실이라는 단어를 여러 매체를 통해 쉽게 들을 수 있게 되었습니다. 하지만 누군가가 "가상현실이 무엇이냐" 라고 물어본다면 생각보다 설명하기 힘들 것입니다. 영어로는 Virtual Reality, 가상과 현실이라는 단어들인데 조금만 주의 깊게 본다면 말이 안되는 용어라는 것을 알 수 있을 것입니다. 정 반대의 의미인 가상과 현실이 합쳐진 용어이기 때문이죠.

안경 같기도 하고 쌍안경 같기도 한 흔하게 브이알 기기라고 불리우는 기기들의 정식 명칭은 Head Mount Display, 즉 HMD라고 합니다. 가상현실 하면 빠질 수 없는 기기인데, 이 HMD를 착용함으로써 외부 세계와는 차단이 되고 가상으로 만들어진 콘텐츠들을 시각적으로 볼 수 있게 됩니다. 가상현실 콘텐츠들은 사용자들이 위 아래 좌우로 주위를 둘러보며 체험할 수 있게 만들어져 사용자들이 보는 세계가 현실인 것처럼 착각을 하게 만들죠.

이 뿐만 아니라 뛰면서 즐길 수 있도록 도와주는 기기나 특수제작 장갑 등을 이용하여 가상현실 콘텐츠에 직접 참여할 수도 있습니다.

현대의 가상현실은 한마디로 정의하기는 힘들지만 앞서 말씀드린 것처럼 HMD를 이용하여 현실 세계를 차단하고 가상현실을 현실로 혼동하게 하는 행위를 주로 다룹니다.

가상현실 이용자들은 현실세계에서는 마주하기 힘든 경험들을 할 수 있는데 그 대표적인 예가 게임입니다. 모니터 스크린에서만 보던 게임 캐릭터가 되어 직접 전장을 누비거나 모험을 떠날 수도 있죠. 하지만 가상현실의 활용도는 여러분들이 생각하는 것보다 훨씬 넓습니다.

가상현실을 이용한다면 평소에는 가기 힘들 장소를 여행할 수도 있고 더 나아가서는 시간여행도 가능할 것입니다. 군인들은 조금 더 실감나는 훈련 시뮬레이션으로 시간과 위험부담을 줄일 수도 있을 것이고, 과학자들은 값비싼 실험재료들로 모험을 하지 않을 수 있을 것입니다. 아이들은 체험적 교육으로 향상된 교육효과를 누릴 수 있을 것이며 전자기학이나 양자역학 같은 눈에 보이지 않는 학문들도 가상현실의 도움을 받아 학생들에게 가르칠 수 있을 것입니다.

이처럼 가상현실의 활용도와 가능성은 어마어마하게 큽니다. 거의 생각할 수 있는 모든 분야에 적용 가능하죠. 하지만 그만큼 헤쳐 나가야 할 점도 상당히 많습니다. 값비싼 HMD부터 만원 안팎의 저렴한 HMD까지 종류는 천차만별이지만 정작 가정에는 많이 보급이 되어 있지 않죠. 일반인들의 가상현실에 대한 인식 역시 아직은 거리감이 있는 게 사실입니다. 게다가 아직은 많이 부족한 가상현실 관련 콘텐츠들과 가상현실 특유의 어지러움 증 역시 가상현실의 대중화를 위해 넘어야 할 산 중에 하나입니다.

가상현실 산업은 현재 진행형입니다. 많은 기업들이 가상현실 산업에 뛰어들고 있고 투자를 하고 있지만 중요한 알맹이는 아직 부족한 것 같은 느낌을 지울 수 없습니다. 가상현실 산업의 발전을 위해서 우리가 할 수 있는 일은 양질의 콘텐츠를 만들어 내는 것이 아닌가 생각됩니다.

2. 가상현실의 역사

최근 들어 각광받기 시작한 가상현실이지만 사람들의 가상의 세계를 체험해보고 싶다는 의지와 연구는 예전부터 존재해 왔습니다. 사람이 쉽게 경험하지 못하는 부분을 체험시켜주는 것을 가상현실이라는 영역에 포함시킨다면, 인류의 첫 가상현실은 19세기로 거슬러 올라갑니다.

파노라마 사진을 연상시키는 보로디노 전투(Battle of Borodino)라는 작품은 일반 사람들이 볼 수 있는 시야보다 더 넓은 시야를 제공함으로써 보는 이로 하여금 실제 전장에 있는 것처럼 느껴지게 합니다. 컴퓨터 기술이 접목되지는 않았지만 현대시대의 가상현실 콘텐츠들이 가지는 의도와 많이 닮아 있음을 느낄 수 있습니다.

1838년도에는 현재 구글 카드보드의 조상 격인 입체 사진 뷰어(Stereoscopic viewer)가 등장하였습니다. 모바일 기반 가상현실 콘텐츠를 실행시키면 반이 나뉜 화면이 나오는 것처럼 이때 나온 입체 사진 뷰어 또한 두 개의 나란한 사진을 뷰어로 보면 양안의 시점 차이를 통해 입체로 사진이 보이도록 만들어졌습니다.

1929년에는 링크 트레이너(Link Trainer)라는 첫 비행 시뮬레이터가 등장하였습니다. 방향타와 조향핸들에 연결된 작은 모터가 비행기의 흔들림을 재현하였고, 다른 모터로 하여금 터뷸런스를 재현하도록 하였습니다. 미군은 이 비행 시뮬레이터 10대를 구매하는데 지금으로 치면 5만 달러가 넘는 돈을 지불하였는데요, 제2차 세계대전에는 50만 명이 넘는 파일럿을 육성하는데 이 링크 트레이너들이 이용되었습니다.

1930년대에는 스탠리 와인바움(Stanley Grauman Weinbaum)이라는 작가가 쓴 피그말리온의 안경이라는 작품에서 현대의 가상현실의 형태를 예측하기도 하였고 1950년대에는 사진가이자 영화작가였던 모튼 하일리그(Morton Heilig)가 센소라마(Sensorama)라고 하는 기기를 개발하였는데 이는 지금으로 치면 4D 플레이어라고 생각하면 이해가 쉬울 것 같습니다. 스테레오 스피커는 물론, 3D 디스플레이, 냄새 발생기, 진동의자 등 많은 것을 구현시켜놓았다고 하니 정말 대단하죠?

1968년도는 최초의 HMD가 발명된 해입니다. 물론 그 이전에 입체 사진이나 영상을 보여주는 기기가 발명되어 왔지만 직접 컴퓨터에 연결되어 가상현실, 증강현실을 전문으로 다루는 HMD는 이 기기가 최초입니다. 다만 무게가 너무 무거워서 천장에 매달아 사용을 했어야 했는데요. 덕분에 휴대성은 제로였습니다.

1969년도엔 컴퓨터로 만들어진 현실 속에서 멀리 있는 사람들과 교류할 수 있는 인공현실이 개발되었고 1989년도에는 첫 가상현실의 개념이 등장하였습니다. 이때 처음으로 가상현실 HMD와 장갑이 판매되기도 하였지요.

이후에도 많은 가상현실 관련 기술들이 등장하였습니다. 세가(Sega)와 닌텐도(Nintendo)에서는 게임용 가상현실 기기를 출시하였으며 가상현실을 다룬 영화 〈매트릭스〉가 등장하였습니다. 그리고 21세기 현재까지 끊임없이 가상현실에 관련된 개발이 진행되고 있죠. 스마트폰, 스마트 교육 등 스마트라는 단어 아래 많은 가상현실 관련 산업들이 생겨나고 있는데요. 이제 이 책을 통해 여러분의 아이디어로 가상현실 세상을 휘어잡아 보시길 바랍니다.

가상현실/증강현실 콘텐츠 개발 환경 설정

1. 유니티란?

가상현실/증강현실 콘텐츠를 개발하는 방법은 여러 가지가 있습니다. 안드로이드나 iOS 등의 모바일 개발 플랫폼을 이용하여 가상현실/증강현실 콘텐츠를 개발할 수도 있고 직접 해당엔진을 짜서 개발할 수도 있겠지만 본인이 개발자나 큰 규모의 개발 팀에 속해 있지 않다면매우 힘든 일입니다. 현 상황에서 우리가 가장 쉽게 가상현실/증강현실 콘텐츠를 개발할 수있는 방법은 Unity 3D(이하 유니티)라는 상용 엔진을 이용하는 방법입니다.

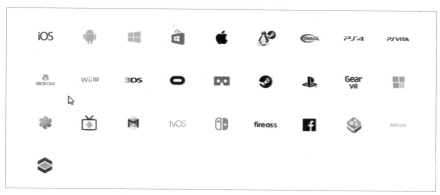

〈그림 2-1. 유니티가 지원하는 개발 플랫폼〉

유니티는 게임을 개발하기 위한 개발 도구인 게임 엔진으로 널리 알려져 있습니다. 게임에 관심이 많은 사람들에겐 한번쯤은 들어 보았을 만한 이름이죠. 다만 최근 들어 유니티의 활용 분야가 매우 넓어졌는데 비단 게임뿐만 아니라 시뮬레이션, 인터렉티브 미디어 등 다양한 소프트웨어의 개발 툴로 제공되고 있습니다. 뿐만 아니라 콘텐츠들이 다양해지면서 각각이 지향하는 플랫폼들도 다양해졌는데 유니티는 멀티플랫폼을 지원하여 개발자들이 플랫폼에 대한 걱정 없이 개발에만 집중할 수 있도록 도와주고 있습니다.

이외에도 직관적인 개발 환경, 활성화가 되어있는 커뮤니티 및 리소스 다운로드 스토어(Asset Store) 등 유니티가 가지고 있는 여러 가지 장점들이 있습니다. 그중 한 가지는 역시 최근 유니티가 지원하는 가상현실/증강현실 개발 API 입니다. 가상현실/증강현실을 아우르는 확장현실 XR(extended reality), 구글의 AR코어(ARCore), 애플의 AR키트(ARKit), 퀄컴의 뷰포리아(Vuforia) 등에 대한 지원을 하기 때문에 이전보다 더욱 편리하게 가상현실/증강현실 콘텐츠를 다양한 플랫폼을 이용하여 개발할 수 있습니다. 앞으로 나올 네 가지의 프로젝트를 통해 유니티를 처음 접하시는 여러분이 쉽게 가상현실/증강현실 콘텐츠들을 개발할 수 있도록 도와드리겠습니다.

2. 유니티의 설치

〈그림 2-2. 유니티 메인 홈페이지〉

유니티는 무료화 정책으로 이용자들에게 공개되어 있습니다. 물론 유니티 플러스나 프로 버전을 이용하여 심화된 기능들을 사용할 수 있지만 처음 접하는 여러분들께서는 무료 버전으로 시작하여도 문제될 것이 없습니다. 먼저 검색엔진에 '유니티' 또는 'https://unity3d.com/kr/'를 검색하여 유니티 홈에 접속합니다. 유니티 홈에는 뉴스 및 이벤트 등의 글들이 게시가 됩니다. 먼저 스크린 중앙의 파란색 버튼인 'Unity 구독하기'를 클릭하여 들어가겠습니다.

〈그림 2-3. 유니티의 구독 시스템〉

그럼 이전과 같은 화면을 맞이하게 될 것입니다. 우리는 일단 무료 버전을 이용할 것이기 때문에 제일 좌측 'Personal 무료 체험' 버튼을 클릭해 줍니다. 다음 화면에서 가운데 약관에 동의를 해주고 중앙의 '설치 프로그램 다운로드'를 클릭하여 설치 파일을 받아줍니다.

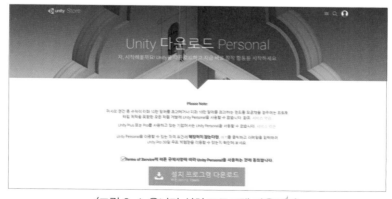

〈그림 2-4. 유니티 설치 프로그램 다운로드〉

설치 파일을 받은 후 해당 파일을 더블 클릭하여 실행시키면 유니티 다운로드 어시스턴트가 실행되며 설치를 도와줍니다. 이때 인터넷에 연결되어 있어야 하니 주의해야 합니다. 다음 (Next) 버튼을 눌러 컴포넌트 선택(Choose Component) 화면까지 진행합니다. 해당 창을 잘 살펴보고 사진과 같은 컴포넌트들이 선택되어 있는지 확인합니다.

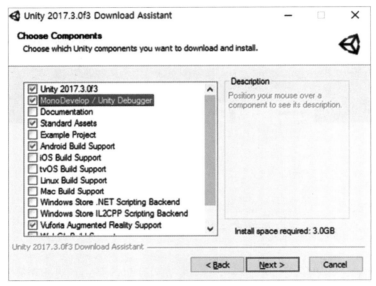

〈그림 2–5. 유니티 설치 과정. 개발에 필요한 컴포넌트 추가〉

제일 상단의 Unity 2017.x.x는 유니티 에디터입니다. 실제로 우리가 개발을 하게 될 유니티 엔진이라고 부르는 프로그램입니다. 그 아래 모노에디터(MonoDevelop)는 추후에 스크립트 프로그래밍을 위한 컴포넌트입니다. 스탠다드 에셋(Standard Asset) 역시 추후에 필요한 개발 도구들입니다. 아래에 나열된 빌드 서포트(Build Support) 항목들은 해당 플랫폼 지원 가능 여부입니다. 본 강의에서는 안드로이드 및 iOS 빌드 서포트만 다루도록 하겠습니다. 단 iOS는 맥 환경에서만 가능하다는 점 유의해야 합니다. (맥에서는 안드로이드 iOS 모두 개발 가능합니다). 그리고 아래에 뷰포리아 증강현실 서포트(Vuforia Augmented Reality Support)를 체크해야 뷰포리아 증강현실 SDK를 불러올 수 있으니 잊지 말고 체크하고 넘어가도록 합니다.

넥스트 버튼을 눌러 경로를 설정하고 설치를 진행합니다. 조금 시간이 걸릴 수 있으니 설치가 진행되는 동안 유니티 가입을 진행하도록 하겠습니다.

〈그림 2-6. 유니티 가입〉

유니티 홈페이지로 돌아가서 우측 상단의 프로필 모양의 둥근 버튼을 클릭하여 'Unity ID 만들기'를 클릭합니다. 유니티 가입은 이메일, 구글 또는 페이스북 아이디로 진행이 됩니다. 가입 완료 후 확인 이메일이 해당 주소로 전송되기 때문에 꼭 사용하고 있는 아이디 또는 이메일을 적어야 합니다. 메일함을 확인하여 인증 링크를 클릭하면 가입 절차가 완료됩니다.

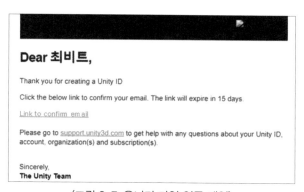

〈그림 2-7. 유니티 가입 인증 메일〉

그럼 이제 설치 완료된 유니티를 실행하고 로그인을 해줍니다. 오프라인 모드로 작업을 진행할 수는 있지만 차후 에셋 스토어나 기타 기능들을 수행하기 위해 필요한 사항이니 가입 절차에 문제가 있을 시 미리 해결을 하는 것이 좋습니다. 로그인한 이후 보이는 창에는 개발 중인 프로젝트를 열거나 새로운 프로젝트를 만들 수 있습니다. 여러분은 아직 아무 프로젝트를 만든 적이 없기 때문에 창이 비어 있을 것입니다. 우측 상단의 New 버튼을 클릭하여 새로운 프로젝트를 하나 생성해보겠습니다.

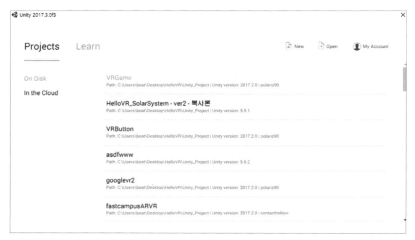

〈그림 2-8. 유니티 프로젝트 생성 및 실행〉

프로젝트 이름 란에는 여러분이 제작할 프로젝트의 이름을 정해주면 되겠습니다. 일단 testProj라는 이름으로 진행하겠습니다. 그 아래에는 프로젝트가 생성될 경로를 가리키고 있고 그 아래에는 조직이라는 항목인데 사실상 여러분의 아이디입니다. 여기서 유의해야 할 점은 프로젝트 이름 우측의 3D, 2D 항목입니다. 어떤 항목을 선택하더라도 프로젝트 내에서 각각 변환이 가능하지만, 3D 개발과 2D 개발의 프로젝트 기본 설정이 조금 다릅니다. 가상현실/증강현실 콘텐츠들은 기본적으로 3D 개발에 바탕을 두고 있기 때문에 3D에 체크가 되어 있는지 확인을 하고 진행하면 되겠습니다. 프로젝트 생성(Create project) 버튼을 클릭하여 프로젝트를 생성합니다.

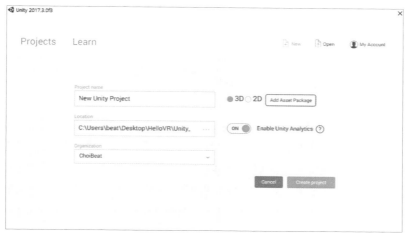

〈그림 2-9. 유니티 프로젝트 생성〉

3. 유니티 개요

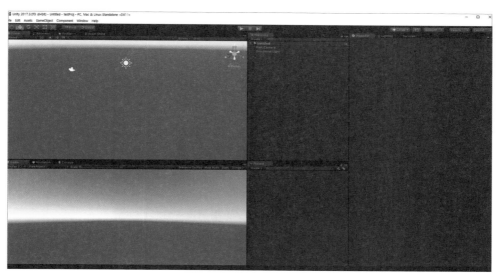

〈그림 2-10. 유니티 에디터의 레이아웃〉

유니티 설치를 처음 하신 분들의 레이아웃은 다음 모습과는 조금 다를 것입니다. 앞으로의 개발 편리성을 위해 각 창들의 탭을 드래그 앤 드롭하여 앞에서와 같이 변경하시는 걸 추천 드립니다. 좌측 상단부터 시계 방향으로 씬(Scene), 계층 구조(Hierarchy), 인스펙터(inspector), 프로젝트(project) 그리고 게임(game) 윈도우입니다.

씬 또는 씬 뷰 창은 현재 생성 중인 월드를 표시하며 캐릭터나 빛, 게임 오브젝트 등을 선택하고 배치하는 데 사용됩니다. 씬 뷰가 개발을 담당하는 창이라면 게임 뷰 창은 개발된 콘텐츠가 퍼블리싱되었을 때의 화면을 담당합니다. 게임 뷰의 화면으로 실제 컴퓨터나 모바일 기기로 보여지게 됩니다. 계층 구조 창은 현재 씬 뷰에 포함된 모든 오브젝트들을 나열해서 보여줍니다. 계층 구조 창에서의 기능들은 차차 프로젝트들을 진행하면서 자세히 다루겠습니다. 인스펙터 창은 현재 선택한 오브젝트의 정보를 담는 창입니다. 위치나 크기, 스크립트, 메터리얼 등 오브젝트가 담고 있는 여러 가지 컴포넌트를 보여줍니다. 프로젝트 창에는 프로젝트를 처음 생성하고 제일 먼저 해야 할 일은 씬을 저장하는 일입니다. 여느 저장과 마찬가지로 Ctrl + S, 또는 File 탭에서 Save Scenes를 클릭하여 저장을 진행하면 됩니다. 이름은 main 으로 저장하겠습니다. 저장은 완료하고 나서 계층 구조 창을 보면 처음 Untitled였던 부분이 main으로 변경된 것을 확인할 수 있습니다. 저장이 안된 상태에서 유니티가 꺼지게 된다면 이때까지 한 작업들이 날아가는 경우가 생기니 미리 처음부터 저장하는 습관을 들이는 것이 좋습니다.

〈그림 2-11. 계층 구조 창〉

간단하게 씬 창에서 오브젝트들을 다루는 방법을 알아봅시다. 계층 구조 창에서 마우스 우클릭, 3D Objects, Cube를 선택하면 왼쪽 씬 뷰에 정육면체 모양의 오브젝트가 생성이 될 것입니다. 만약 씬 뷰의 중심에 정육면체가 위치하지 않는다면 계층 구조 창의 Cube 게임 오브젝트를 더블클릭함으로써 포커스를 맞출 수 있습니다. 그럼 이제 마우스 커서를 씬 뷰 위에 올려놓고 키보드의 Alt 버튼을 누릅니다. 마우스 커서의 모양이 눈 모양으로 바뀌는데 이 상태에서 마우스 좌클릭을 한 상태로 이동시키면 정육면체를 중심으로 여러분의 시점이 바뀔 것입니다.

〈그림 2-12. 월드에 정육면체 오브젝트 생성〉

이번엔 Ctrl과 Alt를 동시에 눌러 마우스 포인터를 손바닥으로 만들어봅니다. 그리고 마우스 좌클릭을 한 상태에서 이동하면 아까와는 다르게 시점이 평행으로 이동합니다. 또한 마우스 휠 업, 다운을 이용하여 줌인, 줌아웃을 할 수 있습니다. 이 세 가지 키들을 이용하여 씬 뷰의 카메라를 이동시켜 3차원 공간인 월드를 이동할 수 있습니다. 위 키들이 숙달되어야 더욱 쉽고 빠르게 유니티 개발을 진행할 수 있으니 손에 익을 때까지 연습을 해두어야 합니다.

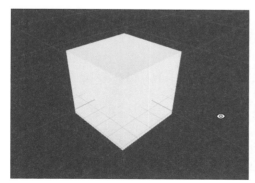

〈그림 2-13. 회전 전〉

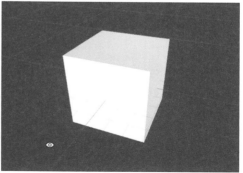

〈그림 2-14. 회전 후〉

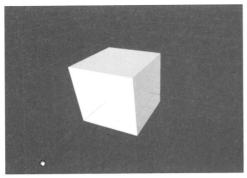
〈그림 2-15. 이동 전〉

〈그림 2-16. 이동 후〉

씬 뷰 안의 월드를 자유롭게 이동, 회전할 수 있으면 이제 월드 안의 오브젝트들을 요리할 수 있어야 합니다. 먼저 좌측 상단을 보면 여러 개의 버튼들이 나열되어 있습니다. 이를 트랜스폼 툴이라고 부르는데 제일 우측 첫 번째 버튼부터 손, 이동, 회전, 스케일, 렉트, 혼합 툴입니다. 정육면체를 클릭하여 선택한 후 트랜스폼 툴 버튼을 클릭하면 해당 툴을 이용할 수 있습니다.

〈그림 2-17. 툴 버튼〉

〈그림 2-18. 이동 툴 선택〉

이동 툴을 선택하면, 씬 뷰의 정육면체에 적색, 녹색, 청색 화살표가 나타납니다. 이는 각각 x, y, z축을 담당하는데, 각 화살표를 마우스로 좌클릭한 상태에서 이동시키면 x, y, z축을 기준으로 각각 이동시킬 수 있습니다.

회전 툴을 선택하면 정육면체에 적색, 녹색, 청색 원이 나타납니다. 마찬가지로 각각 x, y, z축을 기준으로 회전을 시킬 수 있습니다.

스케일 툴은 물체의 크기를 조절하는 툴입니다. 정육면체를 클릭하고 스케일 툴을 선택하면 x, y, z축으로 화살표가 생기는데 이동 툴과는 다르게 화살표 끝과 가운데가 사각형으로 되어 있습니다. 각 화살표 축이나 가운데 회색 사각형을 클릭하고 마우스를 이동하면 x, y, z 또는 세 축 모두 같은 비율로 크기를 조절할 수 있습니다.

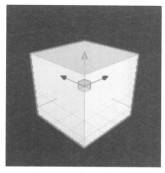 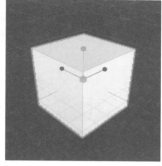 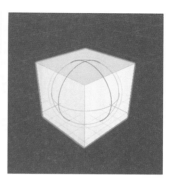

〈그림 2-19. 이동 툴 선택 시〉　　〈그림 2-20. 스케일 툴 선택 시〉　　〈그림 2-21. 회전 툴 선택 시〉

렉트 툴 역시 물체의 크기를 다루는 툴인데 스케일 툴과는 다르게 2차원 사각형을 기준으로 물체의 크기를 변화시킵니다. 씬 뷰의 시점에 따라 2차원 사각형이 표현되어지는 각도가 달라진다는 특징이 있습니다.

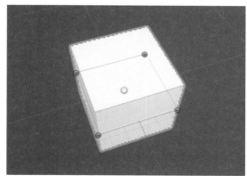 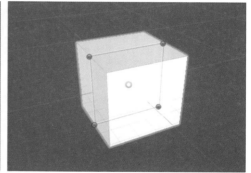

〈그림 2-22 렉트 툴 선택 시 1〉　　　　　　〈그림 2-23 렉트 툴 선택 시 2〉

트랜스폼 툴의 제일 우측의 혼합 툴은 이동, 회전, 스케일 툴을 합쳐 놓은 툴입니다. 각 툴들의 화살표들을 모아 놓았으며 축으로 이동, 회전은 가능하고 개별 축으로의 크기 조절은 불가능합니다.

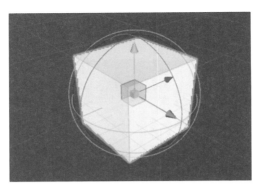

〈그림 2-24. 종합 툴 선택 시〉

씬 뷰 안에 있는 오브젝트들을 자유롭게 이동시키고 배치할 수 있어야 가상현실/증강현실 콘텐츠를 제대로 만들 수 있습니다. 특히 가상현실 콘텐츠들은 기본적으로 1인칭 시점이기 때문에 1인칭 시점에 맞추어 개발을 할 필요가 있습니다. 그렇게 하기 위해선 씬 창에서의 개발이 자유롭게 이루어져야 합니다. 그럼 방금 배운 트랜스폼 툴과 여러 개의 정육면체 오브젝트를 이용하여 다음과 같은 "닭"을 만들어봅시다.

〈그림 2-25. 닭을 만들어보자!〉

4. 유니티 실습

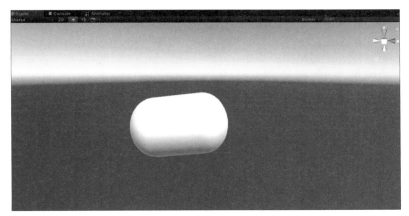

〈그림 2-26. 캡슐 오브젝트 생성, 회전 및 크기 조절〉

먼저 닭의 몸통이 될 캡슐(Capsule) 오브젝트를 하나를 만들어줍니다. 캡슐의 크기를 너무 길지 않도록 조절하고 뒷부분은 아래로 앞부분은 위로 가도록 약간 회전을 시켜줍니다.

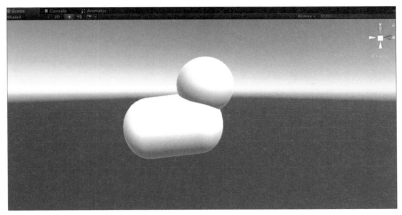

〈그림 2-27. 구 오브젝트 생성 및 위치, 크기 조절〉

앞부분에 구(Sphere) 오브젝트를 생성하여 붙입니다. 살짝 겹쳐져도 되니 걱정마세요. 구 오브젝트의 크기를 적당하게 수정합니다.

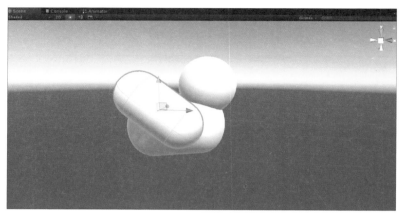

〈그림 2-28. 캡슐 오브젝트 생성 및 위치, 크기 조절 1〉

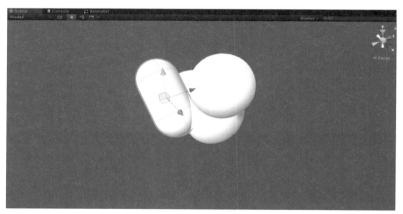

〈그림 2-29. 캡슐 오브젝트 생성 및 위치, 크기 조절 2〉

닭의 날개를 구현하기 위해 캡슐 오브젝트를 하나 더 생성합니다. 그리고 닭의 우측에 위치
시킵니다. 보다 자연스러움을 위해 회전을 시켜 뒷부분이 하늘을 보도록 만듭니다.

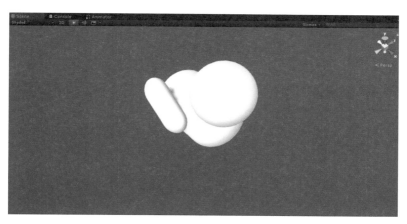

〈그림 2-30. 캡슐 오브젝트 생성 및 위치, 크기 조절3〉

날개가 너무 두꺼워 보입니다. 오브젝트의 크기를 굳이 x, y, z 세 축 모두 같은 비율로 수정할 필요는 없습니다. 때에 따라 한 축만 수정하여 납작하게 만들 필요도 있습니다. 날개를 구현하기 위해 조금 얇은 캡슐로 만듭니다.

〈그림 2-31. 오브젝트의 복제〉

유니티 오브젝트들 역시 Ctrl + C를 누르면 복사가 되고 Ctrl + V를 누르면 붙여넣기가 됩니다. 또는 계층 구조 창에서 마우스 오른쪽 클릭을 하고 Copy, Paste를 하거나 Duplicate를 눌러서 복제를 해도 됩니다. 복제의 단축키는 Ctrl + D입니다.

복제를 하면 원본 오브젝트의 동일한 위치에 오브젝트가 복사가 되는데 그대로 반대편 날개
쪽으로 이동시켜 줍니다.

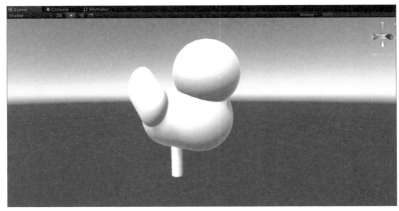

〈그림 2-32. 원통 오브젝트 생성 및 크기 조절〉

원통(Cylinder) 오브젝트를 생성해서 다리를 만들어줍니다. 너무 두껍지 않도록 크기와 길이를
조정합니다.

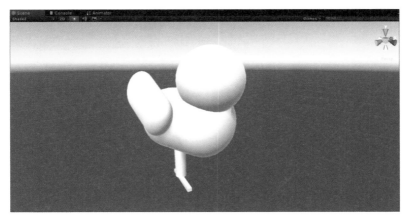

〈그림 2-33. 정육면체 오브젝트 생성 및 크기 조절〉

다리 아래 발을 구현하기 위해 정육면체(Cube) 오브젝트를 생성하고 크기를 직육면체 모양으
로 수정합니다.

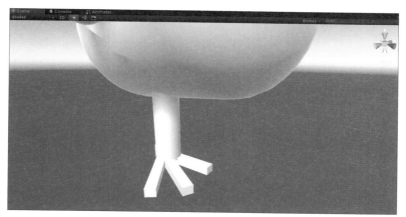

〈그림 2-34. 정육면체 오브젝트 복제 및 회전〉

두 개를 더 만들고 회전시켜서 닭발을 만듭니다.

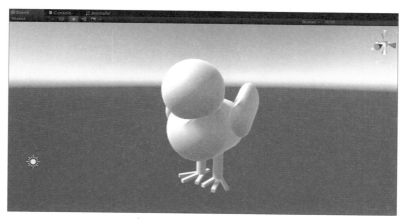

〈그림 2-35. 다리 전체 복제〉

다리와 발을 모두 선택하여 복제합니다. 그리고 이동시켜서 나머지 다리를 구현합니다.

〈그림 2-36. 캡슐 오브젝트 생성 및 위치 조정〉

닭 벼슬을 구현하기 위해 캡슐 오브젝트를 생성해서 머리 위에 위치시킵니다.

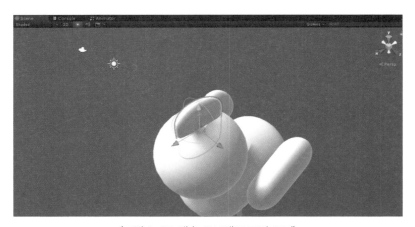

〈그림 2-37. 캡슐 오브젝트 크기 조정〉

날개를 만들었던 것처럼 한쪽 축의 크기만 줄여서 납작하게 만듭니다. 안 보이는 부분은 머리와 겹쳐져서 괜찮습니다.

〈그림 2-38. 캡슐 오브젝트 생성 및 회전, 위치 조정〉

부리를 구현하기 위해 역시 캡슐 오브젝트를 생성해서 머리 앞에 위치시킵니다.

〈그림 2-39. 캡슐 오브젝트 크기 조정〉

길이는 그대로 유지하되 나머지 두 축의 크기를 줄여서 날카롭게 만듭니다.

〈그림 2-40. 구 오브젝트 생성 및 위치 조정〉

구 오브젝트로 눈을 만들어줍니다. 두 개의 구를 이용해서 흰자가 될 부분과 검은자가 될 부분을 따로 구현합니다. 그리고 복제해서 반대편 눈을 만듭니다.

〈그림 2-41. 정육면체 오브젝트 생성 및 위치, 크기 조정, 복제〉

정육면체 오브젝트를 이용해서 눈썹을 구현합니다. 눈썹의 회전각은 자유롭게 지정하여 다양한 표정으로 만들어봅시다.

이제 닭의 각 부위에 색을 입혀볼 차례입니다. 오브젝트의 색상은 Material이라는 요소로 입힐 수 있습니다. 프로젝트 창에서 마우스 오른쪽 클릭, Create 〉 Material를 클릭합니다.

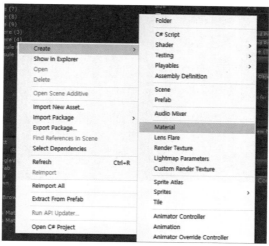

〈그림 2-42. 메터리얼 파일 생성〉

생성한 메터리얼 파일의 이름을 body로 짓습니다.

〈그림 2-42. 이름을 body로 수정한 메터리얼〉

Body 메터리얼 파일을 선택하고 우측 인스펙터 창을 확인합니다. Main Maps 항목에 있는 색상표를 클릭하여 닭의 몸통 색상을 고릅니다. 조금 어두운 흰색으로 하겠습니다.

〈그림 2-43. 메터리얼의 색상 변경〉

그리고 body 메터리얼 파일을 드래그해서 닭의 몸통인 캡슐 오브젝트로 옮깁니다. 마찬가지로 날개, 머리를 구성하는 오브젝트에도 body 메터리얼을 드래그해서 색상을 바꿉니다.

같은 방식으로 메터리얼을 여러 개 만들어서 닭 벼슬, 부리, 다리 눈썹, 눈을 위한 색상을 골라주세요. 그리고 각각의 부위에 해당 메터리얼들을 입힙니다.

〈그림 2-44. 색상이 적용된 닭 오브젝트〉

하나의 메터리얼 파일을 여러 개의 오브젝트들이 공유할 수 있습니다. 닭 오브젝트의 날개, 머리 그리고 몸통 모두 body 메터리얼을 공유하고 있습니다. 이때 body 메터리얼의 색상을 바꾸면 세 오브젝트의 색상이 모두 바뀌기 때문에 조심해야 합니다.

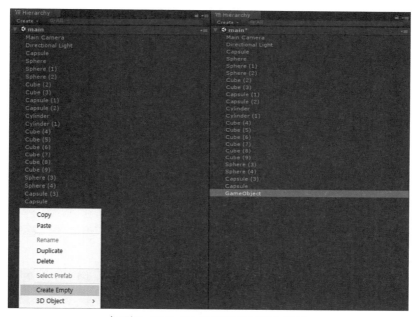

〈그림 2-45, 2-46. 빈 게임 오브젝트 생성〉

차후에 다수의 오브젝트로 구성된 새로운 게임 오브젝트를 만들면 계층 구조 창을 그때 그때 정리해야 합니다. 위 사진과 같이 여러 오브젝트들이 계층 구조 창에 지저분하게 나열되어 있을 것입니다. 계층 구조 창에서 마우스 우클릭을 하고 빈 게임 오브젝트 만들기(Create Empty)를 눌러줍니다. 그럼 우측과 같은 GameObject라는 빈 게임 오브젝트가 생성됩니다. 빈 게임 오브젝트를 클릭하고 인스펙터 창을 보면 트랜스폼 컴포넌트 하나만 존재하는 것을 볼 수 있습니다. 이는 곧 위치, 회전, 크기 값만 가지고 있는 눈에 보이지 않는 오브젝트를 뜻합니다. 유니티에서는 이 빈 게임 오브젝트를 이용하여 여러 복잡한 행위들도 편하게 구현할 수 있습니다. 예컨대 지구를 공전하는 달 같은 것도 쉽게 구현할 수 있습니다.

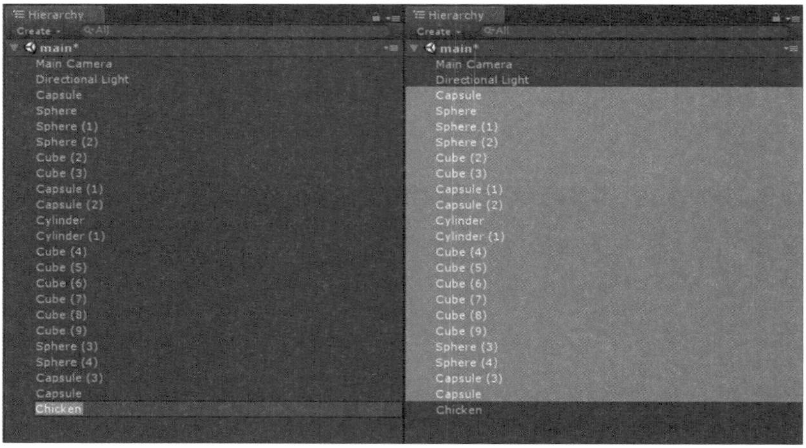

〈그림 2-47, 2-48. 빈 게임 오브젝트 이름 변경〉

빈 게임 오브젝트의 이름을 Chicken으로 바꿔줍니다. 그리고 닭을 구성하는 오브젝트들을
모두 선택하여(윈도우 폴더 선택과 같습니다) Chicken 오브젝트로 드래그 앤 드롭해줍니다.

〈그림 2-49, 2-50. 빈 게임 오브젝트 이름 변경〉

그러면 닭을 구성하는 많은 오브젝트들이 Chicken의 하위 오브젝트로 들어가면서 묶이게 됩니다. 예를 들어 여러 가지의 문서 파일들을 우리가 새로 만든 새 폴더에 넣는 것과 같습니다.

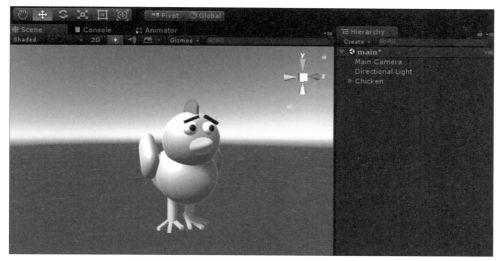

〈그림 2–51. 정리된 닭 오브젝트〉

여기서 상위 오브젝트인 Chicken을 부모(Parent) 오브젝트, 하위 오브젝트들을 자식(Child) 오브젝트라고 부릅니다. 자식 오브젝트들의 위치, 회전, 크기 값들의 기준은 부모 오브젝트가 됩니다. 부모 오브젝트의 위치, 회전, 크기들이 원점(0,0,0)이 되어 원점을 기준으로 트랜스폼 컴포넌트에 표현이 됩니다. 문서 파일들을 넣어 놓은 폴더를 통째로 이동시키면 안에 있는 파일들도 같이 이동하는 것처럼, 위의 부모 오브젝트를 이동, 회전, 크기 변경을 시키면 하위 자식 오브젝트들도 이동, 회전, 크기 변경을 시킬 수 있습니다.

5. 뷰포리아 기초

증강현실 콘텐츠를 개발하기 위해서 유니티에 내재된 뷰포리아(Vuforia)라는 증강현실 SDK를 이용합니다. 뷰포리아 SDK를 사용하여 증강현실 기술의 개발 과정을 생략하고 콘텐츠 개발에만 집중할 수 있습니다. 뷰포리아를 이용하여 평면 이미지 인식, 상자 인식, 원통 인식 등 마커 기반의 증강현실과 그 외에도 지면 인식이나 가상현실 모드 등 여러 기능들을 내포하고 있습니다. 먼저 평면 이미지 인식을 이용해 뷰포리아를 체험하는 시간을 가져보겠습니다.

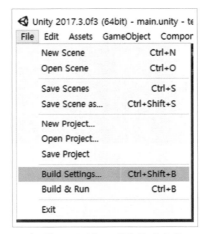

〈그림 2-52. 빌드 세팅 들어가기〉

먼저 좌측 상단의 File → Build Settings 를 클릭합니다. 빌드 세팅 창에서는 유니티에서 만든 콘텐츠를 개인이 실행할 수 있는 단계로 만들어주는 행위인 빌드를 할 수 있습니다. 따라서 그에 관련된 플랫폼 설정도 가능합니다. 빌드 세팅 창의 좌측의 플랫폼(Platform)항목을 보면 여러 가지 플랫폼들이 있습니다. 이 중에 안드로이드(Android)를 선택하고 좌측 하단의 플랫폼 바꾸기(Switch Platform)버튼을 클릭하여 개발환경을 바꿔줍니다. 차후에 PC 환경 또는 iOS 환경으로 개발을 하고 싶다면 이 빌드 세팅 창에서 변경을 하면 됩니다. 새 프로젝트를 생성하자 마자 바꾸어도 되고 개발을 완료하고 변경해도 무관하나 프로젝트가 진행되고 리소스가 많아지면 많아질수록 플랫폼 변경 시간이 늘어난다는 점은 알고 있어야 합니다.

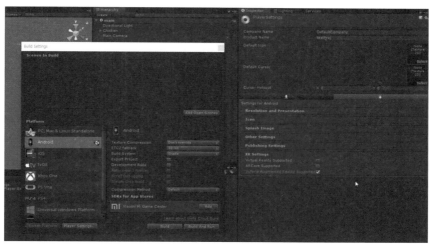

〈그림 2-53. 플랫폼 변경 및 뷰포리아 지원 세팅〉

플랫폼 변경이 완료되면 플랫폼 변경 버튼 우측의 사용자 세팅(Player Settings)을 클릭하고 유니티 우측 인스펙터창을 봅니다. 사진과 같은 여러 가지 항목이 있을 텐데 그중 제일 아래에 있는 XR 세팅(XR Settings)을 클릭하여 뷰포리아 증강현실 지원(Vuforia Augmented Reality Supported) 항목에 체크합니다.

〈그림 2-54. 뷰포리아 ARCamera 오브젝트 추가 및 SDK 임포트〉

빌드 세팅 창을 닫고 계층 구조 창에서 마우스 우클릭, 뷰포리아, ARCamera 항목을 클릭하여 ARCamera 게임 오브젝트를 추가합니다. 이때 메시지 창이 하나 뜨게 되는데 이는 뷰포리아 증강현실 에셋을 불러오겠다는 알림 창입니다. 불러오기(Import) 버튼을 눌러 불러옵니다. 불러오기가 완료되면 계층 구조 창에 ARCamera가 추가된 것을 확인할 수 있습니다. 이제 증강현실 콘텐츠 개발 시에는 ARCamera가 메인 카메라를 대체할 것입니다. 유니티 에디터의 중앙 상단의 플레이 버튼을 클릭하면 콘텐츠가 구동이 되는데 이때 컴퓨터에 웹캠이 설치되어 있다면 유니티 게임 창이 카메라 화면으로 변할 것입니다.

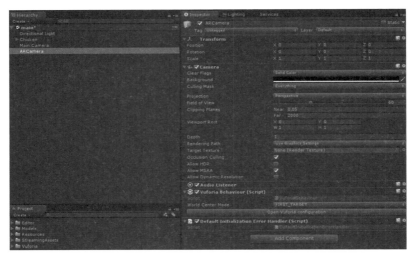

〈그림 2-56. 뷰포리아 설정창 들어가기〉

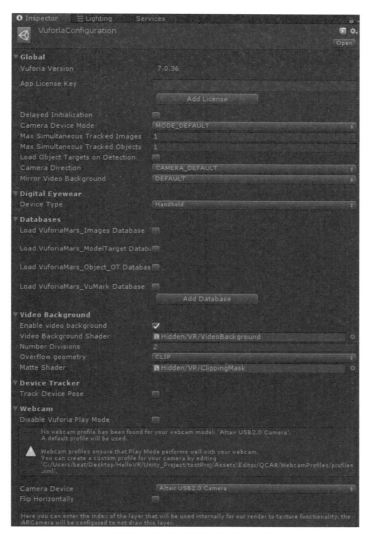

〈그림 2–57. 뷰포리아 설정창 세팅〉

뷰포리아를 사용하기 위해서는 먼저 라이선스 키를 등록해야 합니다. 라이선스 키를 등록하지 않으면 어플리케이션 구동 시 타깃을 인식하지 못하거나 아예 카메라가 구동하지 않을 수도 있습니다. ARCamera를 선택하고 우측 인스펙터 창의 뷰포리아 행동(Vuforia Behaviour) 컴포넌트 안에 있는 뷰포리아 설정 열기(Open Vuforia Configuration) 버튼을 클릭합니다. (뷰포리아 설정은 앞으로 자주 들어가야 할 속성 창입니다. 앞선 ARCamera를 통한 방법이 있고 또한 프로젝트 창에서 Resources 폴더 속의 VuforiaConfiguration을 클릭하여 들어갈 수도 있습니다.) 제일 최상단에는 현재 뷰포리아의 버전을 나타내고 그 바로 아래 앱 라이선스 키(App License Key)부분에 라이선스를 추가하면 됩니다. 앱 라이선스 키 항목 우측의 라이선스 추가(Add License)를 클릭합니다.

〈그림 2-58. 뷰포리아 개발자 포탈〉

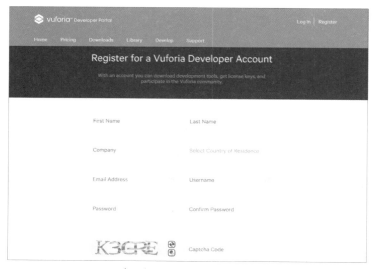

〈그림 2-59. 뷰포리아 가입〉

이어지는 뷰포리아 개발자 포탈 홈페이지 우측 상단의 등록(Register)을 클릭하여 가입을 진행합니다. 뷰포리아를 이용한 개발을 진행하기 위해서는 필연적으로 타깃 이미지 데이터베이스 등록 및 라이선스 생성을 진행해야 하기 때문에 가입은 필수입니다. 가입을 마치고 로그인을 하면 사진과 같은 라이선스 매니저 페이지로 이동이 되어 있을 것입니다. 여기서 개발키 생성(Get Development Key) 버튼을 클릭합니다. 앱 이름에 해당 라이선스를 등록할 이름을 적고 아래 체크박스에 체크를 한 후 확인(Confirm) 버튼을 누릅니다.

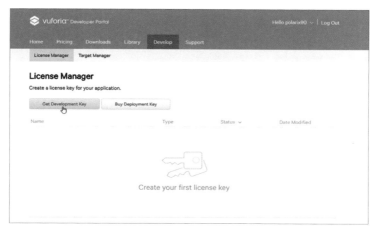

〈그림 2-60. 뷰포리아 라이선스 매니저〉

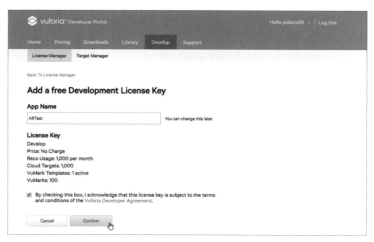

〈그림 2-61. 뷰포리아 라이선스 추가〉

앱 이름을 가진 항목 하나가 추가되는데 이름을 클릭해서 들어가면 나타나는 긴 문자열 전체
를 복사합니다. 다시 유니티 에디터로 돌아와 아까 앱 라이선스 키 우측의 빈칸에 붙여넣기
를 하면 완료입니다.

〈그림 2-62. 뷰포리아 라이선스 등록〉

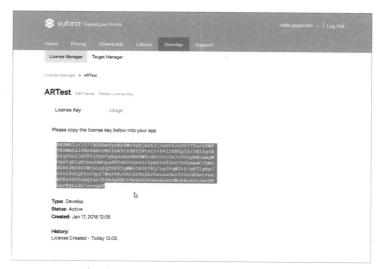

〈그림 2-63. 뷰포리아 라이선스 문자열 복사〉

우리가 흔히 부르는 마커를 뷰포리아에서는 이미지 타깃, 또는 타깃 이미지로 부릅니다. 이미지
타깃을 만들기 위해서는 역시 뷰포리아 개발자 포탈을 이용하여 업로드를 해야 합니다. 다시 한
번 뷰포리아 설정에 들어갑니다. 이번엔 중앙의 데이터베이스(Database) 항목을 살펴봅니다.

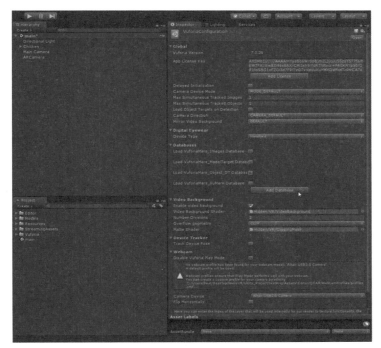

〈그림 2-64. 뷰포리아 라이선스 붙여넣기〉

Load xxxx Database Activate라는 항목들이 있고 우측에 체크박스가 있습니다. 이 항목들을
이미지 타깃 데이터베이스라고 부르는데 뷰포리아 설정에서 체크를 한 데이터베이스만이 실
제로 인식에 이용됩니다. 현재 보이는 네 개의 데이터베이스들은 뷰포리아에서 제공을 해준
데이터베이스들로 앞으로 추가할 데이터베이스들 역시 여기에 추가가 됩니다. 만약 삭제를
하고 싶으면 프로젝트 창의 StreamingAssets 폴더 안의 Vuforia 폴더에 들어가서 삭제를 하
고 싶은 데이터베이스 이름의 파일들을 지우면 됩니다. 일단 데이터베이스 추가(Add Database)
버튼을 클릭하여 뷰포리아 개발자 포탈에 접속합니다.

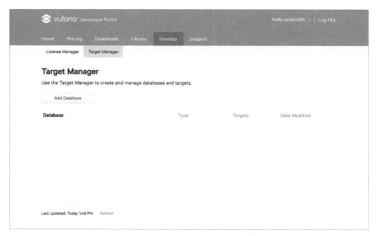

〈그림 2–65. 뷰포리아 타깃 매니저〉

사진처럼 상단의 개발자 탭에서 타깃 매니저(Target Manager) 탭에 들어가 있는 것을 확인합니다. 중앙의 데이터베이스 추가(Add Database) 버튼을 클릭합니다. 이어 나오는 화면에서 데이터베이스 이름을 정하고 아래 타입에 디바이스(Device)로 체크되어 있는지 확인한 후 생성(Create) 버튼을 클릭합니다. 타깃 매니저에 생성한 데이터베이스를 클릭하여 들어가서 이번엔 타깃 추가(Add Target) 버튼을 클릭합니다.

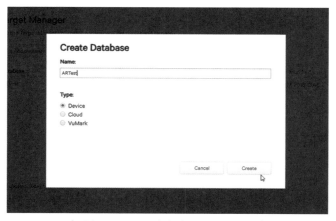

〈그림 2–66. 뷰포리아 데이터베이스 생성〉

다음의 화면에서 실제 인식을 시키고자 하는 타깃 이미지를 업로드할 수 있습니다. 제일 위에 있는 종류(Type)는 타깃 이미지의 종류입니다. 싱글 이미지(Single Image)는 그림과 같은 2차원 평면 이미지의 형태, 육면체(Cuboid)는 입체 육면체 형태, 실린더(Cylinder)는 원통 또는 원뿔형태 그리고 3D 모형(3D Object)은 입체 모형 형태를 각각 인식할 수 있는 방식입니다. 각각 타깃을 업로드하는 방식이 다릅니다. 일단 싱글 이미지를 선택합니다.

〈그림 2-67. 뷰포리아 타깃 이미지 추가〉

파일(File) 항목에서는 이미지 파일을 선택할 수 있습니다. 다만 이미지 파일 형식이 있는데 jpg나 png 확장자일 것, 2MB를 넘지 않을 것, 그리고 이미지의 비트 수준이 8비트 그레이 스케일 또는 24비트 RGB여야 합니다.

폭(width) 항목은 타깃 이미지 게임 오브젝트의 크기입니다. 이미지 타깃의 크기와 이미지 타깃을 인식시켜 나오는 오브젝트의 크기가 비례하는 게 좋기에 미리 설정을 할 수 있습니다만 확실하지 않으면 1로 설정하는게 좋습니다. 유니티 에디터 내에서 변경 가능합니다.

그 아래 이름(Name)은 해당 이미지 타깃의 이름입니다. 데이터베이스 내에 한 개 이상의 이미지 타깃을 등록할 수 있기 때문에 여러 개를 등록할 생각이라면 구분 짓기 쉬운 이름으로 짓는 것이 좋습니다.

타깃 이미지 등록 시 데이터베이스 내에 등급(Rating)과 함께 등록이 되는데 별의 개수로 인식률을 표현합니다. 별 다섯 개가 제일 인식률이 높은 등급인데 별이 세 개에서 두 개 반 이하라면 이미지를 편집하거나 바꾸는 게 좋습니다. 이미지의 색상의 변화와 이미지의 크기도 등급에 영향을 줍니다. 등록한 타깃 이미지를 클릭해봅니다. 이미지 하단의 특징 나타내기(Show features)를 누르면 노란 X자 표시로 인식을 하는 구역이 나타나는데 이를 보고 이미지를 편집하여 인식률을 높일 수 있습니다.

〈그림 2-68. 뷰포리아가 추가된 타깃 이미지〉

다시 데이터베이스로 돌아가서 이번엔 우측에 있는 다운로드 데이터베이스(Download Database) 버튼을 클릭합니다. 이어서 나오는 화면에서 Unity Editor를 선택하고 다운로드를 누릅니다. 다운로드되는 파일은 확장자가 unitypackage로서 유니티 개발에 필요한 에셋들이 압축되있는 파일이라고 보면 됩니다. 더블클릭하여 열었을 때 현재 열려있는 유니티 프로젝트에 데이터가 풀립니다. 더블클릭해서 열어봅니다. 이어서 나오는 창에 현재 프로젝트에 추가될 에셋들이 나열됩니다. 확인을 하고 우측 하단에 불러오기(Import) 버튼을 클릭합니다.

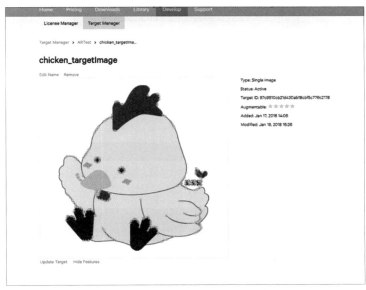

〈그림 2-69. 추가된 이미지 타깃 2〉

〈그림 2-70. 데이터베이스 다운로드〉

불러오기가 완료되면 다시 한번 뷰포리아 설정에 들어가서 데이터베이스 항목을 확인해봅니다. 뷰포리아 개발 포탈에 등록한 데이터베이스의 이름으로 하나의 항목이 새로 생겼을 것입니다. 본 항목 우측 체크박스에 체크를 하고 이어서 나오는 Activate 항목 역시 체크해 줍니다.

〈 그림 2-71 데이터베이스 다운로드 2〉

〈그림 2-72 데이터베이스 설정〉

이제 이미지 타깃 게임 오브젝트를 추가해주어야 합니다. 계층 구조 창에서 우클릭을 하고 Vuforia → Image를 선택하면 ImageTarget이라는 게임 오브젝트가 생성됩니다. ImageTarget 게임 오브젝트를 선택하고 우측 인스펙터 창에 이미지 타깃 행동(Image Target Behaviour) 컴포넌트를 확인하면 타입(Type), 데이터베이스(Database), 이미지 타깃(Image Target)의 항목을 찾을 수 있습니다. 타입은 Predefined에서 바꿀 일이 지금 단계에서는 없기 때문에 그대로 둡니다. 데이터베이스 항목은 본 프로젝트에 불러온 데이터베이스 종류를 선택하는 항

목입니다. 기본적으로는 뷰포리아에서 제공한 데이터베이스로 선택이 되어 있습니다. 클릭
해서 방금 불러온 데이터베이스 이름으로 바꾸어줍니다. 이미지 타깃 항목은 선택한 데이터
베이스 안에 들어 있는 이미지 타깃을 선택할 수 있습니다. 현재는 하나만 등록을 해놓았기
때문에 그대로 둡니다.

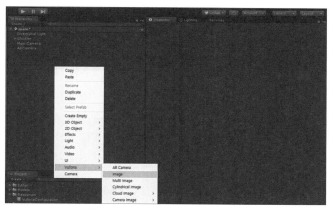

〈그림 2-73. 이미지 타깃 오브젝트 생성〉

〈그림 2-74. 이미지 타깃 데이터베이스 선택〉

이 이미지 타깃 게임 오브젝트에 미리 만들어 두었던 닭 게임 오브젝트를 드래그 앤 드롭으
로 얹습니다. 부모 오브젝트가 ImageTarget, 자식 오브젝트가 chicken입니다. 닭 오브젝트
의 위치를 원점, 즉 0,0,0으로 맞춘 후 크기를 조절합니다. 오브젝트의 크기가 작으면 이미지
인식 시 보이지 않고 너무 커도 화면에 다 나타나지 않기 때문에 이미지 타깃의 크기에 비례
해서 키우거나 줄여줍니다.

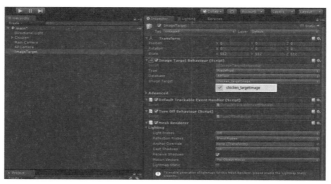

〈그림 2-75. 이미지 타깃 선택〉

〈그림 2-76. 마커 기반 증강현실 테스트〉

준비가 완료되면 중앙 상단의 플레이 버튼을 누른 후 웹캠에 이미지를 비추어 작동을 하는지 확인합니다. 이미지는 인쇄가 불가능하다면 핸드폰에 찍어 비추는 방법도 있습니다. 만약 인식을 하지 않는다면 뷰포리아 설정창에 들어가 데이터베이스에 체크가 되어 있는지 확인합니다. 이미 체크를 하였더라도 이미지 타깃 게임 오브젝트를 추가하면 체크가 풀리는 버그가 종종 일어나니 습관적으로 확인하는 자세가 필요합니다.

증강현실 프로젝트 1 : 광고 콘텐츠

1. 프로젝트 생성 및 환경 설정

첫 번째 증강현실 콘텐츠는 마케팅에 사용할 수 있는 증강현실 광고 콘텐츠입니다. 현재 증강현실이 다양한 방법으로 마케팅에 사용되고 있습니다. 기본적인 마커 기반으로 제품을 소개 시켜주거나 포토부스 같은 참여형 콘텐츠 등으로 마케팅을 하거나 말입니다. 물론 짧은 시간 내에 복잡한 기술을 이용하여 마케팅 콘텐츠를 개발하기는 어렵기 때문에 저희는 마커 기반으로 만드는 광고 콘텐츠를 만들어보겠습니다. 하지만 원리만 알면 콘텐츠를 꼬아서 다른 형태로 만드는 일이 어려운 일이 아닌 것 또한 보여드리려고 합니다.

먼저 예제파일 자료 중 'AR프로젝트자료01' 파일의 압축을 풀어줍니다.

〈그림 3–1. 'AR프로젝트자료01' 폴더의 내용물〉

폴더 내의 cola.jpg 파일을 개발자 포탈의 데이터베이스에 업로드합니다. 이 파일은 이번 콘텐츠의 타깃 이미지로 사용될 것입니다.

〈그림 3-2. ARProject 유니티 프로젝트 생성〉

새 유니티 프로젝트를 생성합니다. 프로젝트를 생성한 후 예제파일 자료인 'AR프로젝트자료 01' 폴더 내의 Hail, PolarBear 및 ColaAd 파일 세 개를 유니티 프로젝트 안의 프로젝트 창으로 드래그해서 끌고와주세요.

앞서 뷰포리아 기초에서 다루었던 뷰포리아 sdk 추가 및 타깃 이미지 추가 등을 완료하고 개발 준비를 마쳐주세요. 완료를 한다면 다음과 같은 모습일 것입니다. 뷰포리아 설정창에서 라이선스 키를 추가하는 것도 잊지 마세요!

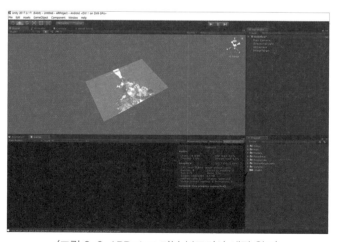

〈그림 3-3. ARProject 기본 뷰포리아 세팅 완료〉

2. 동영상 재생하기

먼저 마커를 인식하면 동영상이 재생되게 해볼 것입니다. 계층 구조 창의 ImageTarget 게임 오브젝트 위에 마우스 커서를 놓고 오른쪽 클릭을 합니다. 3D Object 안에 들어 있는 Plane 을 선택해주세요. Plane은 평면도형인데 사진이나 그림 등 2D 이미지를 표현할 때 사용합니다. 면만 표현하는 오브젝트이기 때문에 반대쪽 면은 투명하게 표현됩니다.

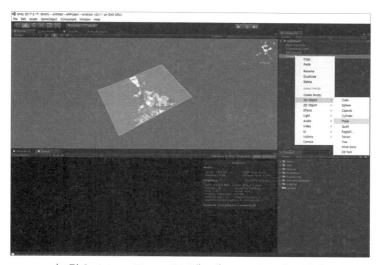

〈그림 3-4. ImageTarget 오브젝트에 Plane 오브젝트 생성〉

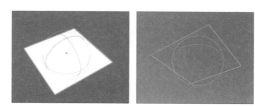

〈그림 3-5, 3-6. Plane 오브젝트의 특성〉

Plane의 크기를 타깃 이미지보다 조금 작게 조절해주세요. 그리고 위치를 0, 0.01, 0으로 수정합니다. 타깃 이미지와 겹치게 되면 이미지가 겹쳐서 잘 보이지 않기 때문에 살짝 위로 올려서 Plane이 타깃 이미지보다 높이 위치하게 수정합니다. 이 Plane에서 영상이 재생될 것입니다.

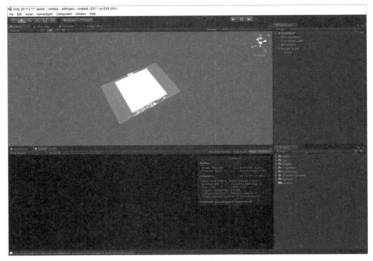

〈그림 3-7. Image Target 위에 위치한 Plane〉

Plane을 선택하고 우측에 인스펙터 창을 확인합니다. 인스펙터 창의 제일 하단에 있는 Add Component를 클릭하고 검색창에서 video player를 검색하고 클릭합니다.

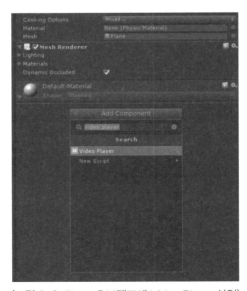

〈그림 3-8. Plane 오브젝트에 Video Player 삽입〉

〈그림 3-9. Video Player 컴포넌트〉

비디오 플레이어 컴포넌트는 해당 컴포넌트가 있는 게임 오브젝트로 하여금 비디오를 재생
시킬 수 있도록 도와줍니다. 먼저 비디오 플레이어 컴포넌트의 두 번째 항목인 비디오 클립
(Video Clip) 우측의 빈칸(None) 부분에 ColaAd 영상 파일을 드래그해서 넣어주세요.

〈그림 3-10. Video Player 컴포넌트에 Video Clip 삽입〉

영상이 잘 나오나 확인을 해보겠습니다. 유니티 에디터 중앙 상단의 플레이 버튼을 눌러서
카메라를 실행시키고, 타깃 이미지를 비추어 영상이 뜨는지 확인합니다.

〈그림 3-11. 유니티 에디터 상단의 플레이 버튼〉

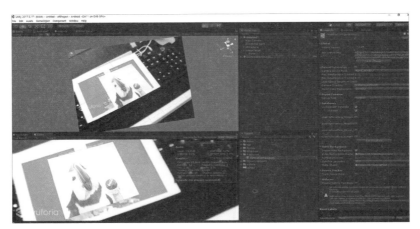

〈그림 3-12. 증강현실로 동영상 재생 테스트〉

타깃 이미지 위에서 영상이 재생되는 것을 확인할 수 있습니다. 다만 영상의 모양이 정사각형이라 어색합니다. Plane의 비율을 좌우로 조금 늘려주세요.

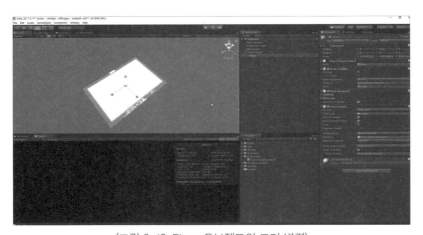

〈그림 3-13. Plane 오브젝트의 크기 변경〉

3. 3D 에셋 넣어보기

이번엔 춤추는 북극곰을 추가해보겠습니다. 프로젝트 창에서 PolarBear 파일의 하위 파일인 Mesh 〉 Material 파일을 찾아 ToonPolarBear라는 오브젝트 파일을 찾습니다. 해당 파일을 드래그하여 이미지 타깃 오브젝트 아래 자식 오브젝트로 끌고 옵니다. 크기와 위치도 다음과 같이 조금 조정합니다. 그리고 수시로 Ctrl + S를 눌러서 저장을 해야 작업한 씬이 날아가지 않습니다. 씬 이름은 main으로 하겠습니다.

〈그림 3-14. 북극곰 에셋의 오브젝트 파일〉

이 상태에서 플레이 버튼을 눌러 테스트를 해보아도 곰이 춤을 추진 않습니다. 이유는 애니메이션 컨트롤러를 북극곰 오브젝트와 연결을 아직 시켜주지 않았기 때문입니다. 프로젝트 창의 PolarBear의 하위폴더인 ANIM CONTROLLERS 폴더 안에 있는 POLARBEAR TEST SAMBA 애니메이션 컨트롤러 파일을 드래그하여 북극곰 오브젝트의 Animator 컴포넌트의 Controller 항목에 넣습니다.

〈그림 3-15. 북극곰 에셋의 오브젝트 삽입〉

〈그림 3-16. 북극곰 에셋의 애니메이터 컨트롤러〉

사실 개인 개발자들이 3D 오브젝트에 애니메이션까지 직접 제작을 하는 것은 전문 애니메이터 출신이 아니라면 굉장히 힘든 일입니다. 예제에서 제공된 북극곰 에셋은 제작될 때부터 애니메이션 작업이 끝난 상태로 제공되었습니다. 지금은 애니메이션 컨트롤러를 오브젝트의 애니메이션 컴포넌트와 결합시켰다는 정도만 알고 넘어가면 되겠습니다. 다음 예제에서 애니메이션 컨트롤러에 대하여 조금 더 자세히 알아보도록 하겠습니다.

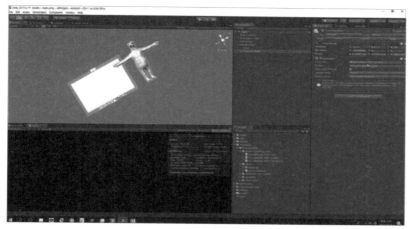

〈그림 3-17. 애니메이터 컨트롤러를 오브젝트에 삽입〉

4. 파티클 시스템 추가하기

마커를 카메라에 인식시키면 이제 동영상과 춤추는 곰이 보일 것입니다. 이제 여기에 눈보라를 추가해보겠습니다. 프로젝트 창으로 옮긴 파일들 중 Hail이라는 폴더를 열어봅시다. Prefab이라는 하위 폴더를 열어 Hail – Heavy 프리팹[*]을 계층 구조 창으로 옮겨주세요. 해당

〈그림 3-18. Hail 파티클 시스템스 프리팹 추가〉

---

[*] 프리팹(Prefab) : 파란색 정육면체 모양의 아이콘을 가진 파일입니다. 건축 용어중 하나인 Prefabrication 에서 따온 단어로서 미리 만들어 놓은 오브젝트를 원할 때마다 가져다가 사용할 수 있도록 해줍니다.

프리팹을 계층 구조 창에서 선택을 하면 다음과 같이 작은 알갱이가 보일 것입니다.

이 게임 오브젝트는 기존에 우리가 다루던 오브젝트들과는 조금 다릅니다. 파티클 시스템이
라 부르는 특수 효과 시스템인데 주로 비나 눈, 불꽃 같은 기존 그래픽으로 표현하기 힘든 자
연 현상을 표현하는데 이용됩니다. 우측 인스펙처 창을 확인하면 트랜스폼 컴포넌트 아래에
파티클 시스템 컴포넌트를 확인할 수 있습니다.

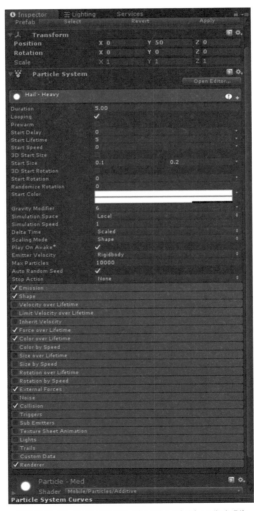

〈그림 3-19. Hail 파티클 시스템스의 인스펙터 창〉

그리고 파티클 시스템 컴포넌트 안에는 다양한 항목들이 있습니다. 각 파티클의 크기나 속도 색상 같은 기본적인 사항부터 파티클들이 방사되는 모양, 시간과 같은 특이한 사항들까지 정할 수 있습니다. 일단 파티클 시스템 컴포넌트에서 8번째 항목인 Start Size 수치를 각각 1, 2로 바꿔줍니다. 그리고 세 번째 모듈인 Shape Module을 열어서 Scale 부분을 1000, 0, 1000으로 바꾸겠습니다.

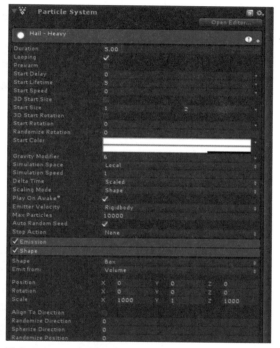

〈그림 3-20. Hail 파티클 시스템스의 Particle System 컴포넌트〉

이 상태로 플레이를 시켜서 확인을 해본다면 영상도 잘 재생이 되고, 캐릭터도 춤을 추고, 눈도 잘 내리는 것을 확인할 수 있습니다. 하지만 조금 더 자세히 확인해보면 눈 내리는 방향이 조금 이상하다는 걸 알 수 있습니다. 이는 우리가 사용한 에셋의 성질 자체가 위에서 아래로 내려오는 것이기 때문입니다. 여러 가지 해결 방법이 있겠지만 제일 쉬운 방법으로 해결해봅시다.

일단 이미지 타깃 게임 오브젝트 하위에 있는 Hail − Heavy 오브젝트를 이미지 타깃 바깥으로 꺼내줍니다. 그리고 이미지 타깃 게임 오브젝트를 x축으로 90도 회전시켜줍니다.

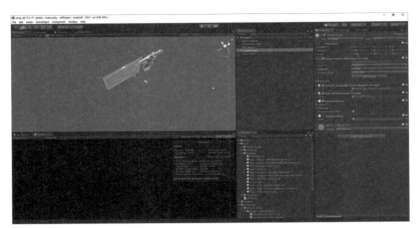

〈그림 3-21. ImageTarget 오브젝트 회전〉

그리고 다시 Hail - Heavy 오브젝트를 이미지 타깃 오브젝트의 하위 오브젝트로 옮기고 플레이 버튼을 눌러 테스트를 해봅니다.

〈그림 3-22. 증강현실 콘텐츠 테스트〉

테스트를 진행할 때 타깃 이미지를 인쇄하거나 핸드폰으로 사진을 찍어서 카메라에 비춥니다. 카메라에 비추는 타깃 이미지 위로 동영상이 재생되고 옆에서 북극곰이 서서 춤을 출 것입니다. 마지막에 추가한 눈이 위에서 아래로 내린다면 성공적으로 콘텐츠가 완성된 것입니다.

〈그림 3-23. 증강현실 콘텐츠 테스트〉

〈그림 3-24. 증강현실 콘텐츠 테스트〉

본 콘텐츠는 코딩이나 복잡한 기능 없이 드래그 앤 드롭으로만 이루어진 간단한 콘텐츠입니다. 하지만 본 콘텐츠는 여러 가지 발전 가능성이 있습니다. 예를 들어 해당 마커를 브로셔에 삽입하거나 브로셔 페이지 자체를 마커로 만들면 색다르게 광고를 할 수 있을 것입니다. 또한 해당 마커를 원통형 마커로 바꾸고 크기를 사람 만하게 만들어 세운다면 지나가는 사람들이 핸드폰으로 사진을 찍을 수 있는 증강현실 포토부스가 될 것입니다. 콘텐츠를 만드는 기술도 중요하지만 이처럼 같은 콘텐츠도 어떠한 방향과 의도를 가지고 만드느냐에 따라서 크게 달라질 수 있음을 아는 것이 중요합니다.

원통형 마커 등록하기

뷰포리아는 평면 마커뿐만 아니라 육면체, 원통 등의 다른 마커들도 등록할 수 있습니다. 콜라 타깃 이미지를 이용하여 원통 마커를 등록해봅시다. 타깃 추가 메뉴에서 원통(Cylinder)을 선택합니다.

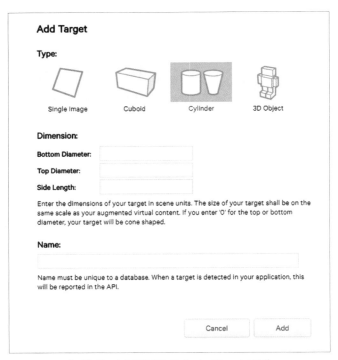

〈그림 Ex-1. 뷰포리아 Cylinder Target 등록〉

원통형 타깃 이미지를 추가할 때 가장 신경써야 하는 부분은 지름(Diameter)과 가로 길이(Side Length)부분입니다. 추가해야 하는 타깃 이미지가 직사각형 평면 이미지이기 때문에 원의 둘레를 구하는 공식인 3.14×(지름)을 이용해야 합니다. 즉 가로 길이가 원 둘레가 되고 그 길이를 3.14로 나눈 값이 지름이 됩니다. 성공적으로 업로드를 한다면 다음과 같이 나타납니다.

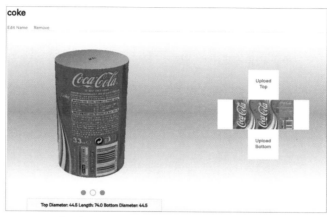

〈그림 Ex-2. 뷰포리아 Cylinder Target 등록 2〉

업로드가 완료되면 다른 타깃 이미지와 마찬가지로 Download Database를 클릭해서 유니티 패키지 파일을 다운받고 사용하면 됩니다.

증강현실 프로젝트 2 : 카드 게임 만들기

1. 프로젝트 생성 및 환경 설정

두 번째 증강현실 콘텐츠는 우리가 한번씩은 생각해봤음 직한 카드 게임을 증강현실로 만들어보겠습니다. 간단하게 카드 두 장을 인식하고 캐릭터를 위에 띄운 뒤 서로를 바라보면 공격을 하도록 만들 것입니다. 먼저 프로젝트를 새로 생성합니다.

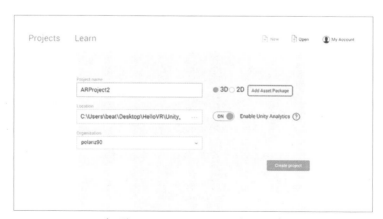

〈그림 4-1. ARProject2 프로젝트 생성〉

제일 먼저 File 탭에서 Build Setting에 들어갑니다. 안드로이드로 플랫폼을 변경해준 후 하단 Player Setting을 클릭하여 들어갑니다. 우측 인스펙터 창 제일 하단에 XR Settings의 Vuforia Augmented Reality Supported에 체크해줍니다.

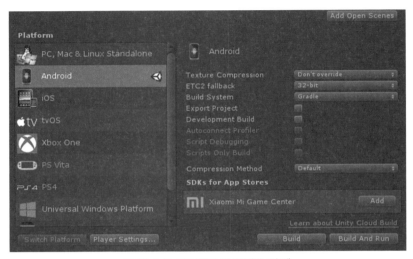

〈그림 4-2. 프로젝트의 플랫폼 변경〉

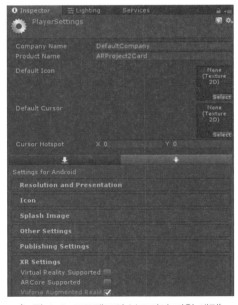

〈그림 4-3. 프로젝트의 뷰포리아 지원 세팅〉

이번에도 역시 뷰포리아를 이용해서 콘텐츠를 만들 것입니다. 계층 구조 창에서 ARCamera를 생성하여 뷰포리아 SDK를 임포트해줍니다. 그리고 Ctrl + S를 눌러서 씬을 저장하는 것도 잊지 마세요. 씬 이름은 main으로 저장합니다.

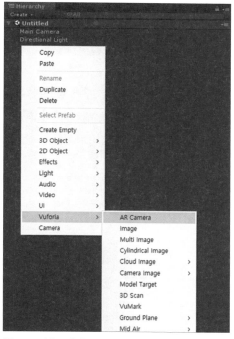

〈그림 4-4. 뷰포리아 ARCamera 생성 및 SDK 임포트〉

ARCamera를 선택하고 우측 인스펙터 창의 Open Vuforia Configuration을 눌러 뷰포리아 설정창에 들어가줍니다. 첫 번째 AR 프로젝트에서처럼 라이선스 키를 삽입합니다.

〈그림 4-5. 뷰포리아 라이선스 키 추가〉

이제 개발 준비가 완료되었습니다. 여기까지의 과정은 만약 뷰포리아를 이용한 증강현실 콘텐츠를 만들고자 한다면 계속 반복해야 하는 부분입니다. 처음에는 익숙하지 않아서 오래 걸릴 수도 있지만 시간이 지나고 많이 반복을 한다면 금방 완료하실 수 있습니다. 이 과정을 완료하고 나서 필요한 타깃 이미지를 업로드합니다.

2. 타깃 이미지 설정

이번 프로젝트에서는 카드 모양의 타깃 이미지 두 개가 필요합니다. 인터넷에서 뷰포리아 마커 두 개를 찾아 등록하겠습니다. Vuforia marker를 검색하고 다른 모양의 마커 이미지 두 개를 다운받아 뷰포리아 데이터베이스에 등록합니다.

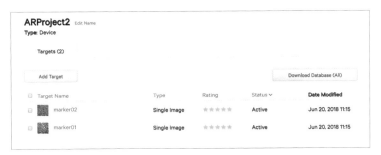

〈그림 4-6. 뷰포리아 데이터베이스 타깃 이미지 두 개 등록〉

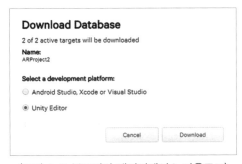

〈그림 4-7. 뷰포리아 데이터베이스 다운로드〉

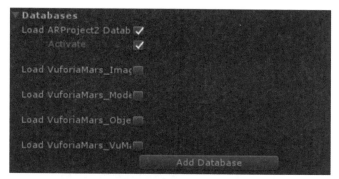

〈그림 4-8. 뷰포리아 데이터베이스 지원 체크〉

3. 타깃 이미지에 로봇 오브젝트 연결

각 카드에 사용할 캐릭터 오브젝트를 다운로드 받아야 합니다. Ctrl + 9를 눌러 에셋 스토어에 들어갑니다. Robot을 검색하고 그중에 무료인 에셋들을 찾습니다. 아래 로봇 에셋을 사용하도록 하겠습니다.

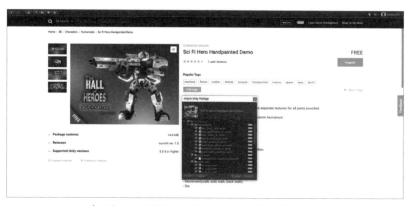

〈그림 4-9. 에셋 스토어에서 로봇 에셋 다운로드〉

에셋 임포트가 완료되면 프로젝트 창에 SciFiFighter 라는 폴더가 생성이 됩니다. 그 안에 Prefabs라는 폴더를 열고 DefaultMesh_Free 프리팹을 드래그해서 계층 구조 창으로 끌어놓습니다. 위치가 0, 0, 0 인지 확인하고 해당 오브젝트의 이름을 알기 쉽게 Robot으로 바꿔줍니다.

다음 이미지 타깃 오브젝트를 만듭니다. 계층 구조 창에서 마우스 오른쪽 클릭을 하고
Vuforia, Image를 선택합니다. 생성된 ImageTarget 오브젝트를 선택하고 계층 구조 창에서
이미지 타깃 종류와 이미지 타깃을 선택합니다.

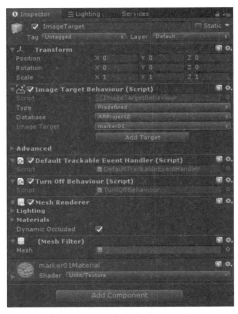

〈그림 4-10. 이미지 타깃 세팅〉

Database는 뷰포리아 개발자 포탈에서 생성한 데이터베이스 이름이며 그 아래 Image Target
란은 그 안에 있는 이미지 타깃의 이름이 되겠습니다.

ImageTarget 오브젝트의 위치 역시 0, 0, 0으로 수정한 다음 Robot 오브젝트를 ImageTarget
오브젝트의 하위 자식 오브젝트로 이동시킵니다.

〈그림 4-11. 계층 구조 창〉

이미지를 카메라에 비추어 로봇이 나타나는지 확인합니다. 만약 나타나지 않는다면 라이선스 키와 뷰포리아 설정창의 데이터베이스 항목에 체크가 되어 있는지를 확인해봅니다. 또는 인식이 되는데 잘 보이지 않거나 이상하다면 오브젝트의 크기를 변경해봅니다. 타깃 이미지 오브젝트의 크기에 비례해서 로봇 오브젝트의 크기를 맞춰줍니다.

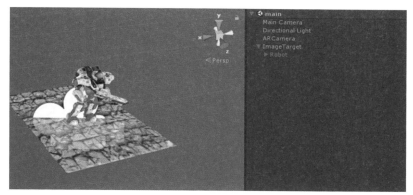

〈그림 4-12. 타깃 이미지 위의 로봇 오브젝트〉

4. 다중 타깃 인식

이제 다른 카드를 하나 더 만들어보겠습니다. 이미지 타깃 오브젝트를 하나 더 만듭니다. 계층 구조창에서 마우스 오른쪽 클릭, Vuforia, Image를 클릭하여 만들어줍니다. 그리고 두 번째 타깃 이미지 속성을 두 번째 마커로 선택합니다.

헷갈릴 수 있으니 두 TargetImage 오브젝트의 이름을 각각 TargetRobot, TargetDragon으로 바꿔줍니다. 예제파일 자료 중 MouseDragon.unitypackage 파일을 열어서 본 프로젝트에 임포트 합니다.

임포트가 완료되었으면 프로젝트 창에 Malbers Animations라는 폴더가 생성되었을 것입니다. 그 안에 Dragons 〉 Mouse Dragon 〉 Prefabs 폴더로 들어가 MouseDragon이라는 오브젝트를 계층 구조 창 TargetDragon 오브젝트의 하위 자식 오브젝트로 끌어서 놓습니다.

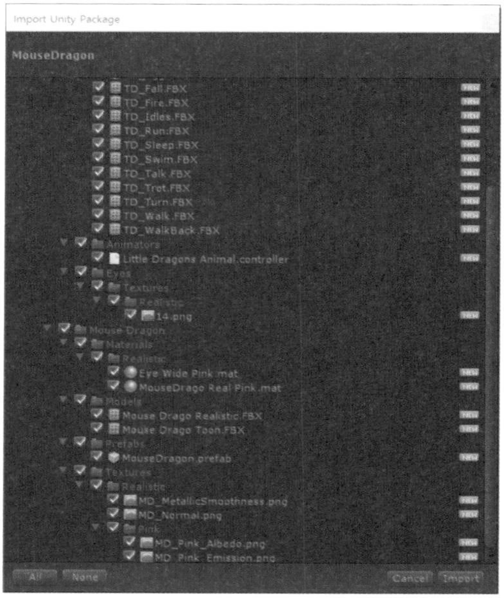

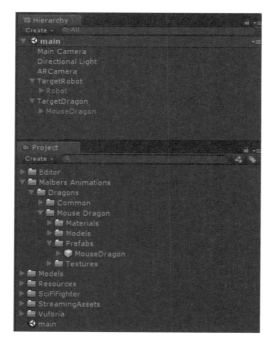

〈그림 4-13.〉

〈그림 4-14. MouseDragon의 위치〉

〈그림 4-15. 두 타깃 이미지와 오브젝트들〉

이제 두 타깃 이미지가 동시에 인식이 되도록 설정을 해주어야 합니다. 뷰포리아 설정 창에 들어가서 위에서 다섯 번째 항목인 Max Simultaneous Track Images 항목을 1에서 2로 증가시킵니다. 이 항목은 동시에 인식시킬 수 있는 타깃 이미지의 개수를 설정합니다.

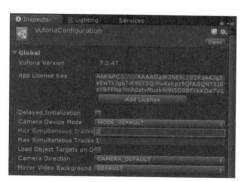

〈그림 4-16. 다중 인식 설정〉

이제 동시에 카드 두 개를 카메라에 인식시키면 두 오브젝트들이 동시에 나타날 것입니다.

〈그림 4-17. 동시에 두 가지 이미지가 인식되는 모습〉

5. 스크립트 작성 및 레이캐스트 구현

이제 두 카드를 맞닿으면, 즉 두 캐릭터가 서로 마주보면 서로를 공격하도록 만들어보겠습니다. 서로 마주보았다는 것을 인식시키는 방법은 여러 가지가 있을 수 있습니다. 우리는 앞으로 남은 가상현실 콘텐츠에서도 많이 사용될 레이캐스트(raycast)를 이용해서 구현을 해보도록 하겠습니다.

레이캐스트란 가상의 레이져 빔으로서 그 빔을 쏘는 방향에 존재하는 물체와 서로 부딪치게 되었을 때 감지를 할 수 있도록 합니다. 이 레이캐스트를 구현하기 위해서는 먼저 스크립트를 작성해야 합니다. 물론 코딩이 처음이라 어려울 수도 있지만 차근차근히 하나씩 따라하면 본 프로젝트에서는 크게 어려울 것이 없습니다.

프로젝트 창에서 마우스 오른쪽 클릭을 하고 Create, C# Script를 클릭하여 스크립트 파일을 생성합니다. 스크립트의 이름은 rayCast_robot로 정합니다.

〈그림 4-18. 스크립트 생성〉

스크립트 파일을 생성하면 새 스크립트 이름이 선택 상태가 되고 이름을 정할 수 있는 메시지가 표시됩니다. 스크립트의 이름은 미루지 않고 바로 작성을 하는 것이 좋습니다. 왜냐하면 이름이 정해지고 나면 스크립트 내의 클래스의 이름 역시 스크립트의 이름과 같은 이름으로 정해지기 때문입니다. 이후에 스크립트의 이름을 수정한다고 하더라도 스크립트 내의 클래스 이름을 변경하지 않으면 오류가 나기 때문에 애초에 이름을 정하는 것이 편합니다.

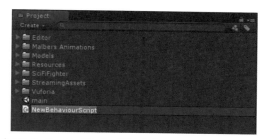

〈그림 4-18. 스크립트는 생성하자마자 이름을 변경한다.〉

스크립트를 더블클릭하여 열어줍니다.

```
using System.Collections;
using System.Collections.Generic;
using UnityEngine;

public class rayCast_robot : MonoBehaviour { ❶

    // Use this for initialization
```

```
    void Start () { ❷

    }

    // Update is called once per frame
    void Update () { ❸

    }
}
```

스크립트를 새로 생성하면 이처럼 기본적인 틀을 갖추고 있습니다.

❶을 보면 중간에 스크립트 이름과 같은 부분이 있습니다. 스크립트 이름을 정할 때 이 부분이 자동으로 생성됩니다. 따라서 스크립트 이름과 이 부분, 즉 클래스 이름이 같아야 오류가 나지 않습니다.

❷의 Start 함수 안에 작성된 코드는 스크립트의 첫 시작 때 한 번 호출됩니다.

❸의 Update 함수 안에 작성된 코드는 매 프레임마다 한 번씩 호출이 됩니다.

일단 이 정도만 알고 실습을 통해 천천히 익혀봅시다. 본 스크립트에 다음과 같이 코드를 작성해봅시다.

```
using System.Collections;
using System.Collections.Generic;
using UnityEngine;

public class rayCast_robot : MonoBehaviour {

    // Use this for initialization
    void Start () {

    }

    // Update is called once per frame
```

```
void Update () {
    RaycastHit hit;
    //부딪치는 물체의 정보를 담는 변수 hit 선언
    Vector3 forward = transform.TransformDirection(Vector3.forward)*1000;
    //forward 라는 이름의 방향변수 선언 및 대입
    Debug.DrawRay(transform.position, forward, Color.green);
    //가상의 레이인 레이캐스트를 테스트 중에는 보일 수 있도록 함
    if (Physics.Raycast (transform.position, forward, out hit)) {
        Debug.Log ("hit");
        //만약에 레이캐스트가 어떠한 물체에 맞는다면 hit 이라는 문구를 냄
    }
}
}
```

스펠링과 대소문자, 그리고 중괄호에 유의하여 작성하시면 되겠습니다. 본 스크립트를 모두 작성하시면 저장을 하고 유니티 에디터로 돌아와서 Ctrl + Shift + C를 눌러봅니다. 그러면 콘솔(Console)이라는 이름의 창이 하나 생성되는데 본 창에서는 유니티에서의 오류나 워닝 그리고 알림 메시지가 여기 콘솔창에 띄워지게 됩니다. 만약 에러가 있다면 다음과 같이 붉은 색 느낌표와 함께 메시지가 띄워지는데 어떤 스크립트의 어떤 부분에서 어떤 오류가 났는지 설명을 해줍니다. 아래는 rayCast 스크립트의 25번째 줄에서 중괄호 }가 모자라다는 메시지입니다. 아무 이상 없이 스크립트를 작성하셨다면 콘솔창의 좌측 상단 clear 버튼을 눌러 에러가 있는지 확인해봅니다.

그리고 위 21번째 줄의 Debug.Log("hit") 역시 콘솔창에 띄워지게 됩니다. 조금 있다가 확인해보도록 하겠습니다.

〈그림 4-19. 에러를 확인할 수 있는 콘솔 창〉

일단 rayCast_robot 스크립트를 이용하기 위해선 씬의 오브젝트에 연결을 해주어야 합니다. 이 경우에는 Robot 오브젝트에 rayCast_robot 스크립트를 드래그해서 끌어서 놓습니다.

물론 MouseDragon 오브젝트에도 레이캐스트가 필요하기 때문에 새로운 스크립트 rayCast_dragon를 만들어서 같은 내용으로 작성합니다. 그리고 해당 스크립트를 앞에서와 같이 MouseDragon 오브젝트에 연결시킵니다.

오브젝트에 성공적으로 끌어놓게 되면 우측 인스펙터 창 제일 아래에 컴포넌트로서 스크립트가 추가가 됩니다. 이 상태로 유니티 상단 플레이 버튼을 누르고 테스트를 해보면 두 오브젝트에서 초록색 레이져가 나가는 것을 확인할 수 있습니다.

〈그림 4-20. 오브젝트와 스크립트의 연결〉

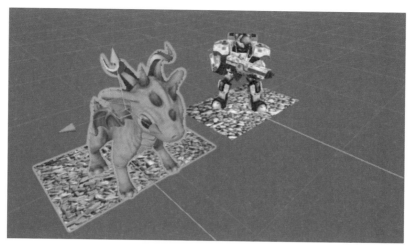

〈그림 4-21. 두 오브젝트에서 광선이 나가는 모습〉

레이캐스트가 모든 물체를 인식할 수 있는 것은 아닙니다. 오브젝트들 중 충돌체(Collider)를 가지고 있는 오브젝트들만 인식을 할 수 있습니다. 먼저 Robot 오브젝트를 선택하고 우측 인스펙터 창을 봅니다. 하단의 Add Component를 누르고 Collider를 검색합니다.

〈그림 4-22. 오브젝트에 충돌체 컴포넌트 추가〉

이 중에서 Box Collider를 선택합니다. 그리고 씬 창을 확인해보면 아래와 같이 오브젝트를 중심으로 초록색 상자가 생긴 것을 확인할 수 있습니다. 이 초록색 상자가 실제로 충돌을 연산하는 공간, 즉 충돌체가 됩니다.

〈그림 4-23. 오브젝트에 연결된 충돌체의 모습〉

하지만 현재 충돌체의 위치가 알맞지 않습니다. 완벽하게 로봇의 생김새와 똑같이 만들 수는 없어도 적어도 비슷한 크기로는 만들어야 합니다. Robot 오브젝트를 선택하고 우측 인스펙터창을 확인합니다. Box Collider 충돌체 컴포넌트의 Center 및 Size 수치를 변경합니다. 그럼 아래와 같이 충돌체의 크기와 위치가 바뀝니다. 같은 과정을 PA_Warrior 오브젝트에도 적용합니다.

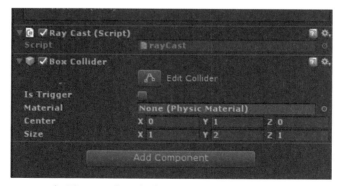

〈그림 4-24. 충돌체 컴포넌트의 크기 및 위치 조정〉

〈그림 4-25. 충돌체 컴포넌트의 크기 및 위치 조정 후의 모습〉

이제 두 이미지 타깃을 서로 바라보도록 이미지를 회전시켜서 카메라에 인식시켜봅니다. 그리고 콘솔창에 hit라는 메시지가 뜬다면 잘 인식되고 있는 것입니다.

〈그림 4-26. 두 오브젝트 서로가 인식되고 있는 모습〉

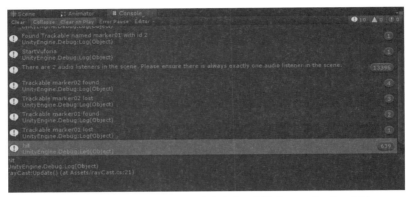

〈그림 4-27. 두 오브젝트가 서로 인식하여 콘솔창에 로그가 뜨는 모습〉

6. 오브젝트에 애니메이션 넣기

이제 서로를 바라볼 수 있으니, 공격하는 모션을 취하게 하도록 하겠습니다. 공격 모션을 취하게 하기 위해서는 애니메이션을 이용해야 합니다. 다행히도 우리가 받은 두 가지 에셋 모두 애니메이션 클립을 가지고 있기 때문에 주어진 애니메이션을 사용해보도록 하겠습니다.

먼저 Robot 오브젝트의 애니메이션을 설정해보도록 하겠습니다. 프로젝트창에서 마우스 오른쪽 클릭을 한 후 Create, Animator Controller를 클릭합니다. 이 애니메이터 컨트롤러를 통해 애니메이션을 제어할 것입니다. 이름은 robot으로 수정합니다.

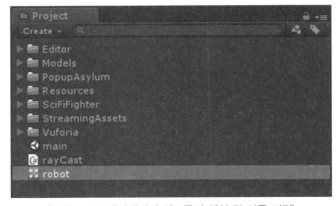

〈그림 4-28. 애니메이터 컨트롤러 생성 및 이름 지정〉

Robot 애니메이터 컨트롤러 파일을 더블클릭해서 열면 다음과 같은 화면이 기본으로 제공됩니다.

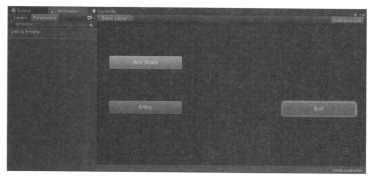

〈그림 4-29. 애니메이터 컨트롤러〉

이 애니메이터 컨트롤러에 특정 오브젝트의 애니메이션 클립을 삽입하면 됩니다. SciFiFighter 폴더 안에 있는 Animations 폴더를 열어줍니다. 그 안에 있는 파일들이 모두 애니메이션 클립입니다.

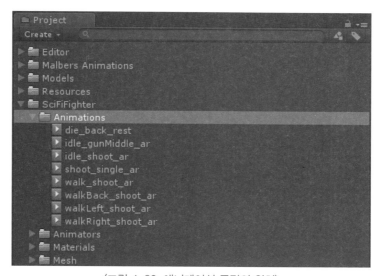

〈그림 4-30. 애니메이션 클립의 위치〉

먼저 idle_gunMiddle_ar 클립을 드래그해서 아까 열었던 애니메이터 컨트롤러로 끌어서 놓습니다. 그럼 다음과 같은 화면이 될 것입니다.

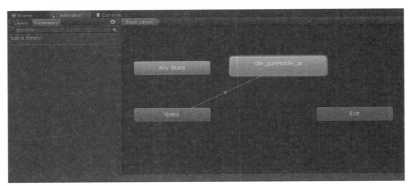

〈그림 4-31. 애니메이션 컨트롤러에 애니메이션 클립 삽입〉

Entry에서 화살표가 진행되고 방금 삽입한 애니매이션 클립을 가리키게 됩니다. 애니메이터 컨트롤러를 Robot 오브젝트에 연결을 시켜줘야 해당 애니메이션을 사용할 수 있습니다. 계층 구조 창의 Robot 오브젝트를 선택하고 우측 인스펙터 창을 확인합니다. 컴포넌트 중에 Animator라는 컴포넌트가 있고 첫 번째 항목으로 Controller라는 항목이 있습니다.

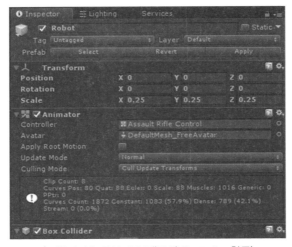

〈그림 4-32. 로봇 오브젝트의 Controller 항목〉

현재 Robot 오브젝트에는 제작자가 기본으로 만들어서 넣어둔 컨트롤러가 삽입되어 있습니다. 이 부분에 우리가 만든 Robot 애니메이터 컨트롤러를 드래그하여 끌어놓습니다. 그리고 유니티 상단 플레이 버튼을 눌러서 잘 작동하는지 확인해봅니다.

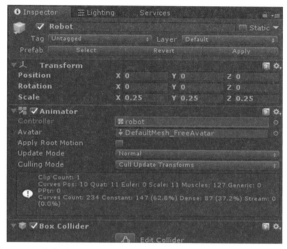

〈그림 4-33. 애니메이션 컨트롤러를 오브젝트의 Controller 항목에 연결〉

타깃 이미지를 비춰서 로봇의 형상을 확인하면 제자리에서 숨을 쉬고 있는 듯한 모습으로 움직이는 것을 확인할 수 있습니다. 그리고 그 상태에서 robot 애니메이터 컨트롤러를 확인해보면 아래 사진처럼 해당 애니메이션 클립에서 게이지가 차는 것을 확인할 수 있습니다. 이는 해당 애니메이션이 진행이 되고 있다는 뜻입니다.

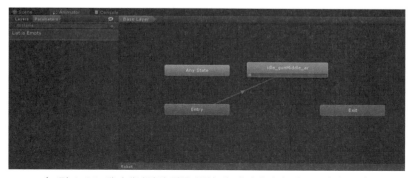

〈그림 4-34. 애니메이션이 작동 중일 때 애니메이션 컨트롤러의 모습〉

가만히 서있는 애니메이션을 구현하였으니 이제 공격하는 애니메이션을 넣어보겠습니다. 아까와 과정은 같습니다만 두 번째 클립부터는 화살표를 직접 연결시켜주어야 합니다. Robot의 애니메이션 클립들 중 shoot_single_ar을 드래그해서 robot 애니메이션 컨트롤러로 끌어와주세요.

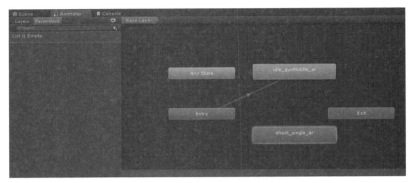

〈그림 4-35. 다른 동작을 하는 애니메이션 클립 추가〉

idle_gunMiddle_ar 클립에서 마우스 오른쪽 클릭을 하고 Make Transition을 선택합니다. 그러면 마우스 포인터와 클립이 화살표로 연결되는데 이 상태에서 shoot_single_ar 클립을 클릭하면 두 클립이 화살표로 연결됩니다.

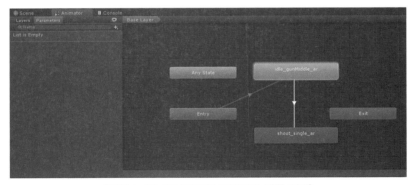

〈그림 4-36. 애니메이션 클립끼리 방향 연결〉

이 상태에서 테스트를 한다면 아마 자동으로 shoot_single_ar 클립으로 이동할 것입니다. 하지만 우리는 오브젝트 둘이 서로 바라보면 공격하는 애니메이션으로 넘어가길 바랍니다. 그렇기 때문에 해당 조건을 만족하지 않으면 다음 클립으로 넘어가지 못하도록 설정해주어야 합니다. Idle과 shoot 클립을 잇는 화살표를 클릭합니다. 그러면 파란색으로 하이라이트가 됩니다. 이 상태에서 애니메이터 컨트롤러의 좌측 상단 Parameters를 클릭합니다. 그리고 그 아래 + 버튼을 누른 후 Bool을 선택합니다. 이름은 isHit으로 작성합니다.

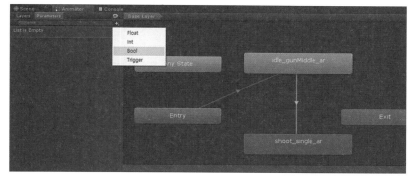

〈그림 4-37. 애니메니션 컨트롤러에서 Parameter 생성〉

〈그림 4-38. 애니메니션 컨트롤러에서 Parameter 생성된 상태〉

그리고 화살표가 선택된 상태에서 우측 인스펙터 창을 확인하면 애니메이션에 관한 항목들이 나열됩니다. 이 중 제일 아래에 있는 Conditions에 방금 만든 isHit을 추가하고 true를 지정합니다.

이 상태에서 테스트를 해보면 클립이 자동으로 넘어가지 않는 것을 확인할 수 있습니다. 이제 isHit이라는 조건을 참으로 바꾸기 위한 작업을 하겠습니다. rayCast_robot 스크립트를 열고 다음과 같이 수정합니다.

〈그림 4-39. 클립을 잇는 화살표를 선택한 상태, 조건 추가〉

```
using System.Collections;
using System.Collections.Generic;
using UnityEngine;

public class rayCast_robot : MonoBehaviour {

    Animator anim; ❶
    // Use this for initialization
    void Start () {
        anim = transform.GetComponent<Animator> (); ❷
    }

    // Update is called once per frame
    void Update () {
        RaycastHit hit;
        //부딪치는 물체의 정보를 담는 변수 hit 선언
        Vector3 forward = transform.TransformDirection(Vector3.forward)*1000;
        //forward 라는 이름의 방향변수 선언 및 대입
        Debug.DrawRay(transform.position, forward, Color.green);
        //가상의 레이인 레이캐스트를 테스트 중에는 보일 수 있도록 함
        if (Physics.Raycast (transform.position, forward, out hit)) {
            Debug.Log ("hit");
            anim.SetBool ("isHit", true); ❸
            //만약에 레이캐스트가 어떠한 물체에 맞는다면 hit 이라는 문구를 냄
        }
    }
}
```

주목해야 할 부분은 ❶에서 Animator형의 anim을 선언하였고 ❷에서 anim에 현재 오브젝트의 Animator 컴포넌트를 불러왔습니다. 이 뜻은 실제로 이 스크립트를 담고 있는 오브젝트인 Robot 오브젝트가 가지고 있는 Animator 컴포넌트에 접근한다는 뜻입니다. 그리고 마지막으로 ❸에서 anim.SetBool("isHit", true);를 통해 우리가 아까 설정한 parameter를 변경할 수 있게 되었습니다. 레이캐스트가 출동체에 충돌해야 parameter가 참으로 바뀌어야 하기 때문에 if(⋯) 절 안에 삽입하였습니다. 쌍따옴표 안에 있는 isHit은 아까 Parameter에서 작성한 것과 대소문자가 같아야 합니다.

〈그림 4-40. 로봇 오브젝트가 상대 오브젝트를 인식했을 때〉

스크립트를 저장하고 테스트를 해보면 앞에서와 같이 상대 오브젝트를 바라보았을 때 애니메이션이 바뀌는 것을 확인할 수 있습니다. 하지만 아직 한 가지가 더 남아있습니다. 만약 상대방을 바라보다가 다시 다른 곳을 바라보게 되면 다시 이전 애니메이션으로 되돌아와야 합니다. 이 부분을 구현해보도록 하겠습니다.

Robot 애니메이터 컨트롤러에 돌아가서 이번엔 shoot_single_ar 클립에서 마우스 오른쪽 클릭을 하고 Make Transition을 눌러 반대로 idle_gunMiddle_ar 클립을 선택합니다. 반대 방향 화살표가 생겼습니다. 이 화살표를 클릭하고 우측 인스펙터 창의 Condition 부분에 isHit을 추가하고 이번엔 false로 설정합니다.

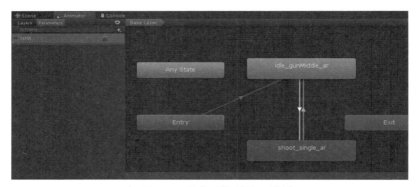

〈그림 4-41. 반대 방향 화살표 생성〉

〈그림 4-42. 반대 방향 화살표의 조건 추가, false〉

그리고 rayCast_robot 스크립트로 돌아가서 다음 부분을 추가합니다.

```
using System.Collections;
using System.Collections.Generic;
using UnityEngine;

public class rayCast_robot : MonoBehaviour {

    Animator anim;
    // Use this for initialization
    void Start () {
        anim = transform.GetComponent<Animator> ();
    }

    // Update is called once per frame
    void Update () {
        RaycastHit hit;
        //부딪치는 물체의 정보를 담는 변수 hit 선언
        Vector3 forward = transform.TransformDirection(Vector3.forward)*1000;
        //forward 라는 이름의 방향변수 선언 및 대입
        Debug.DrawRay(transform.position, forward, Color.green);
        //가상의 레이인 레이캐스트를 테스트 중에는 보일 수 있도록 함
        if (Physics.Raycast (transform.position, forward, out hit)) {
            Debug.Log ("hit");
            anim.SetBool ("isHit", true);
            //만약에 레이캐스트가 어떠한 물체에 맞는다면 hit 이라는 문구를 냄
        } else {
            anim.SetBool ("isHit", false);
        }
    }
}
```

뒷부분이 추가되었습니다. Else 구문을 넣어 만약 충돌하지 않는다면 isHit Parameter를 거짓으로 변경하도록 하였습니다.

위 애니메이션 넣는 과정을 MouseDragon 오브젝트에게도 똑같이 작업해야 합니다. Dragon 이라는 이름을 가진 애니메이션 컨트롤러를 생성하고 그림 4-43에 위치하고 있는 애니메이션 클립을 이용하여 애니메이션 컨트롤러를 구성합니다. 그림 4-43의 오브젝트들의 하위에 각각 여러 가지의 클립들이 존재합니다. 예를 들면 AttackGround 아래에 있는 Attack Bite L 을 이용하면 왼쪽으로 물어뜯는 애니메이션을 사용할 수 있습니다.

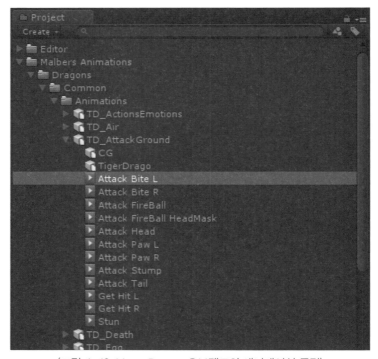

〈그림 4-43. MouseDragon 오브젝트의 애니메이션 클립〉

7. 다른 오브젝트 컴포넌트에 접근하기

서로 공격을 한다는 것은 서로의 체력을 공격력으로 깎는다는 의미가 될 것 같습니다. 이번엔
서로에게 공격력과 체력을 주고 체력이 다 깎이면 죽는 애니메이션을 줘보도록 하겠습니다.

먼저 Robot과 Enemy 오브젝트의 애니메이션 컨트롤러 모두에 죽는 클립을 삽입합니다.
Robot의 경우 die_back_rest 라는 클립이고 MousDragon의 경우 Death1 클립입니다. 그리
고 idle 및 공격 클립에서 죽는 클립으로 화살표를 향하게 한 후 Parameter를 추가합니다. 이
름은 isDead, 형식은 bool 형식입니다. 두 개의 화살표를 선택하여 Condition을 추가합니다.
isDead Parameter를 true 상태로 추가합니다.

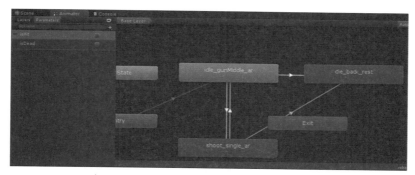

〈그림 4-44. 애니메이션 클립 및 Parameter 추가〉

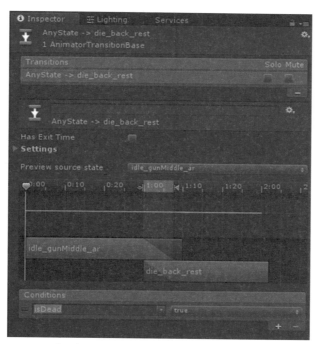

〈그림 4-45. 화살표에 Parameter 조건 추가〉

Any State 클립은 어떠한 클립에서도 전환이 가능합니다. 그리고 rayCast_robot, rayCast_dragon 스크립트를 모두 각각 다음과 같이 수정합니다.

```
using System.Collections;
using System.Collections.Generic;
using UnityEngine;

public class rayCast_robot : MonoBehaviour {
    Animator anim;

    public int atkPnt;//공격력
    public int hltPnt;//체력

    float timeElapsed;
    // Use this for initialization
    void Start () {
        anim = transform.GetComponent<Animator> ();

        atkPnt = 200;
        hltPnt = 5000;
    }


    // Update is called once per frame
    void Update () {
        RaycastHit hit;
        //부딪치는 물체의 정보를 담는 변수 hit 선언
        Vector3 forward = transform.TransformDirection(Vector3.forward)*1000;
        //forward 라는 이름의 방향변수 선언 및 대입
        Debug.DrawRay(transform.position, forward, Color.green);
        //가상의 레이인 레이캐스트를 테스트 중에는 보일 수 있도록 함
        if (Physics.Raycast (transform.position, forward, out hit)) {
            Debug.Log ("hit");
            anim.SetBool ("isHit", true);

            timeElapsed = timeElapsed + Time.deltaTime;//초 단위로 지나가는 시간
            if (timeElapsed >= 3) {//3초에 한번씩 공격
              ❶ hit.transform.GetComponent<rayCast_dragon> ().hltPnt =
                  ❷ hit.transform.GetComponent<rayCast_dragon> ().hltPnt - atkPnt;
                //상대방의 체력에서 공격력을 뺀다
                timeElapsed = 0;//시간 초기화
            }
        } else {
            anim.SetBool ("isHit", false);
        }
    }
}
```

두 스크립트가 비슷하긴 하지만 각각 ❶, ❷가 다릅니다. 두 줄은 서로 상대방의 스크립트의 변수인 체력 변수에 접근하여 그 값을 변경해주는 역할을 합니다. 따라서 GetComponent 부분에 서로의 상대방의 스크립트를 작성해야 합니다.

수정이 완료되었으면 두 오브젝트를 서로 마주보게 하고 체력이 다 닳으면 죽는 애니메이션 까지 도달하는지 확인해봅니다. 체력은 Robot, 또는 MouseDragon 오브젝트를 선택하고 우측 인스펙터 창의 RayCast_xxxx 스크립트를 봅니다. 각자의 Hlt Pnt 값이 변경되는 것을 확인하면 됩니다.

```
using System.Collections;
using System.Collections.Generic;
using UnityEngine;

public class rayCast_dragon : MonoBehaviour {
    Animator anim;

    public int atkPnt;//공격력
    public int hltPnt;//체력

    float timeElapsed;
    // Use this for initialization
    void Start () {
        anim = transform.GetComponent<Animator> ();

        atkPnt = 200;
        hltPnt = 5000;
    }

    // Update is called once per frame
    void Update () {
        RaycastHit hit;
        //부딛치는 물체의 정보를 담는 변수 hit 선언
        Vector3 forward = transform.TransformDirection(Vector3.forward)*1000;
        //forward 라는 이름의 방향변수 선언 및 대입
        Debug.DrawRay(transform.position, forward, Color.green);
        //가상의 레이인 레이캐스트를 테스트 중에는 보일 수 있도록 함
        if (Physics.Raycast (transform.position, forward, out hit)) {
            Debug.Log ("hit");
```

```
        anim.SetBool ("isHit", true);
        timeElapsed = timeElapsed + Time.deltaTime;//초 단위로 지나가는 시간
        if (timeElapsed >= 3) {//3초에 한번씩 공격
            hit.transform.GetComponent<rayCast_robot> ().hltPnt =
                hit.transform.GetComponent<rayCast_robot> ().hltPnt - atkPnt;
            //상대방의 체력에서 공격력을 뺀다
            timeElapsed = 0;//시간 초기화
        }

    } else {
        anim.SetBool ("isHit", false);
    }

    if (hltPnt <= 0) {
        anim.SetBool ("isDead", true);
    }
  }
}
```

〈그림 4-46. 오브젝트의 사망 애니메이션〉

〈그림 4-47. Hlt Pnt가 0이 된 순간 사망 애니메이션 재생〉

성공적으로 작동한다면 앞에서와 같이 Robot의 체력이 0 이하일 때 죽는 애니메이션이 재생됩니다.

〈그림 4-48. 두 마커를 동시에 인식시켰을 때〉

두 개의 마커를 프린트하거나 모니터에 동시에 띄웁니다. 그리고 웹캠이나 해당 콘텐츠를 설치한 모바일 폰으로 두 마커를 인식시킵니다. 성공적으로 인식이 된다면 두 오브젝트가 나타나게 될 것입니다.

〈그림 4-49. 두 오브젝트가 서로 마주보았을 때〉

이제 두 오브젝트가 서로 마주 볼 수 있도록 마커를 회전시킵니다. 만약 두 오브젝트가 서로를 바라본다면 서로 공격하는 애니메이션을 취할 것입니다.

〈그림 4-50. 상대의 체력을 모두 깎았을 때〉

공격 애니메이션을 취하며 서로의 체력을 깎습니다. 만약 둘 중 하나의 체력이 0에 닿는다면 죽는 애니메이션을 취할 것입니다.

이번 콘텐츠에서는 증강현실 카드 게임을 모티브로 유니티의 여러 가지 기능들을 사용해 구현해 보았습니다. 두 개의 이미지 타깃을 동시에 인식시켜서 트레이딩 카드 게임을 구현하였고, 카드 캐릭터들이 각각 레이캐스트와 충돌체를 가지고 있어 서로를 인식할 수 있습니다. 애니메이션을 삽입해서 가만히 있을 때, 공격할 때, 사망할 때의 조건을 달아서 변경할 수 있도록 하였습니다.

이번 증강현실 콘텐츠에 사용된 여러 가지 기법들과 코드들은 유니티로 콘텐츠를 만들 때 자주 쓰이는 것들입니다. 물론 처음 접하시는 분들은 조금 복잡하고 이해하기 어려울 지 몰라도, 유니티에서 사용하는 스크립트들은 자주 보다보면 익숙해지기 때문에 조금만 더 참고 다음 콘텐츠를 만들어봅시다.

컨트롤러 구현하기

모바일 게임 자체에서 제공하는 컨트롤러가 있습니다. 주로 RPG 게임에서 볼 수 있는데 이 컨트롤러를 구현해보도록 하겠습니다. 프로젝트를 새로 생성하고 안드로이드 플랫폼으로 변경합니다. 플랫폼을 안드로이드로 변경하지 않으면 컨트롤러가 보이지 않기 때문에 꼭 먼저 변경하도록 합니다.

〈그림 Ex2-1. 프로젝트의 플랫폼 설정〉

그리고 Assets 탭에서 Import Package, CrossPlatformInput을 선택해서 패키지를 불러옵니다. 프로젝트 창에 Standard Assets 폴더가 생성된 것을 확인합니다.

〈그림 Ex2-2. Standard Asset 임포트〉

〈그림 Ex2-3. Standard Asset〉

해당 폴더 아래 CrossPlatformInput, Prefabs 폴더로 들어가서 MobileSingleStickControl 프리팹 파일을 계층 구조 창으로 올려다 놓습니다.

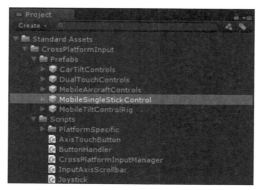
〈그림 Ex2-4. 컨트롤러 프리팹 오브젝트〉

플레이 버튼을 누르고 컨트롤러를 클릭해서 이리저리 움직여 봅니다. 아직 스크립트나 오브 젝트를 만들지 않아서 작동을 하는지 확인할 수 없지만 컨트롤러가 일정 반경 내에서 움직이 는 것을 확인할 수 있습니다.

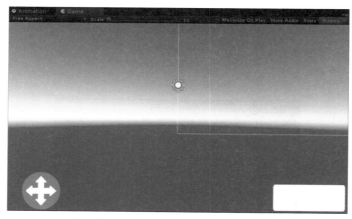
〈그림 Ex2-5. 게임 창에서 보이는 컨트롤러〉

이제 본 컨트롤러와 오브젝트를 연결시켜줘야 합니다. 먼저 Cube 오브젝트 하나를 생성하고 스크립트를 하나 새로 작성합니다. Cube 오브젝트의 위치는 0, 0, 0, 그리고 스크립트의 이 름은 control로 작성하겠습니다. 아래와 같이 스크립트를 작성합니다.

```
using System.Collections;
using System.Collections.Generic;
using UnityEngine;
using UnityStandardAssets.CrossPlatformInput; ❶

public class control : MonoBehaviour {

    // Use this for initialization
    void Start () {

    }

    // Update is called once per frame
    void Update () {
     ❷ this.transform.Translate (CrossPlatformInputManager.GetAxis
        ("Horizontal") * Time.deltaTime,
          ❸ CrossPlatformInputManager.GetAxis ("Vertical") * 0.5f * Time.
            deltaTime, 0);
    }
}
```

눈여겨 보아야 할 부분은 ❶과 ❷, ❸입니다. ❶에서는 Cross PlatformInput 클래스를 포함
시켜줬고 ❷, ❸은 Translate 메소드를 이용해서 이동로직을 짭니다. 안에 들어갈 인자들은
이동할 방향입니다. x, y, z축을 기준으로 이동을 할 수 있는데 본 컨트롤러의 특성상 최대 2
차원을 기준으로만 이동할 수 있습니다. 따라서 x축 인자에는 컨트롤러의 좌우값을, y축 인
자에는 컨트롤러의 상하값을 넣겠습니다.

저장을 하고 본 스크립트를 Cube 오브젝트에 연결합니다.

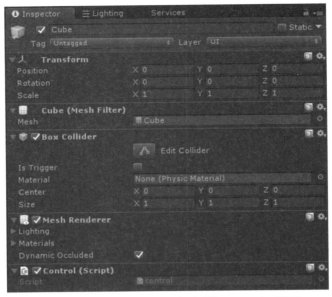

〈그림 Ex2-6. Cube 오브젝트에 연결한 control 스크립트〉

유니티 에디터 상단 플레이 버튼을 눌러 테스트를 진행합니다. 눈앞의 Cube 오브젝트가 컨트롤러의 방향대로 상하좌우로 움직인다면 성공입니다.

〈그림 Ex2-7. 컨트롤러 구현 예제(1인칭)〉

〈그림 Ex2-7. 컨트롤러 구현 예제(AR)〉

본 컨트롤러를 가상현실/증강현실 콘텐츠에 어떻게 적용을 할 수 있을지 고민이 될 것입니다. 예를 들어 증강현실로 타깃 이미지 위에 캐릭터를 띄운 다음 본 컨트롤러로 해당 캐릭터를 조종하는 콘텐츠를 만들 수 있습니다. 또는 가상현실에서 1인칭 게임을 만들 때 사용할 수 있습니다. 앞으로 만들어볼 가상현실 콘텐츠 중에 모바일 화면이 두 개로 나뉜 것이 아닌 한 화면으로 볼 수 있는 모드를 이용한 콘텐츠 개발이 있습니다. 본 모드를 이용한 콘텐츠와 결합하면 좌우를 둘러보면서 컨트롤러로 이동을 할 수 있는 콘텐츠도 개발이 가능할 것입니다.

뷰포리아를 이용한
가상 버튼 만들기

1. 가상 버튼이란?

뷰포리아를 이용하여 마커 기반의 증강 현실 콘텐츠를 만들 때 이용할 수 있는 기술 중 가상 버튼이라는 것이 있습니다. 실제 모바일 핸드폰을 터치하거나 모바일 디바이스 내의 콘텐츠와 상호작용을 하는 것이 아닌 실제 마커의 특정 부분을 손으로 가림으로써 버튼의 역할을 할 수 있도록 만든 기술입니다. 타깃 이미지와 3D 모델 애니메이션을 이용하여 간단하게 가상 버튼을 구현해보도록 합시다. 먼저 새로운 프로젝트를 생성하겠습니다.

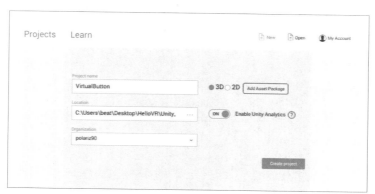

〈그림 5-1. 가상 버튼 프로젝트 생성〉

손에 잡히는 유니티 3D VR/AR

이전 증강현실 콘텐츠를 준비한 것과 같이 빌드 세팅에서 안드로이드 플랫폼으로 변경하고 플레이어 세팅에서 뷰포리아 서포트에 체크해줍니다. 계층 구조 창에 ARCamera를 추가해서 뷰포리아를 임포트해줍니다.

〈그림 5-2. 뷰포리아 지원 설정 체크〉

ARCamera를 선택하고 우측 인스펙터 창의 Vuforia Configuration 버튼을 찾아 들어갑니다. 라이선스 키를 추가하고 이전 4장에서 등록한 데이터베이스를 동일하게 등록해줍니다.

〈그림 5-3. 뷰포리아 라이선스 키 및 데이터베이스 등록〉

104

계층 구조 창에서 마우스 오른쪽 클릭을 하여 Vuforia 〉 Image를 클릭하여 ImageTarget 오브젝트를 생성하고 타깃 이미지를 설정합니다.

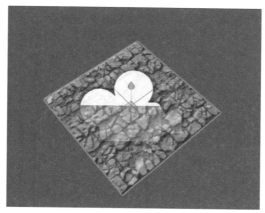

〈그림 5-4. Scene 창에서 보이는 ImageTarget 오브젝트〉

ImageTarget 오브젝트를 선택하고 우측 인스펙터창을 확인합니다. Image Target Behaviour (Script) 컴포넌트 안에 있는 Advanced 항목을 열어줍니다. 그리고 제일 하단에 있는 Add Virtual Button을 클릭하여 가상 버튼을 생성합니다. ImageTarget 오브젝트의 하위 자식 오브젝트로 VirtualButton이라는 오브젝트가 생성된 것을 확인할 수 있습니다.

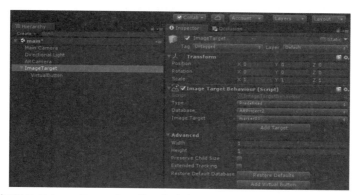

〈그림 5-5. ImageTarget 오브젝트의 하위 오브젝트인 VirtualButton 오브젝트〉

이제 씬 창을 보면 푸른색의 정사각형 모양의 가상 버튼이 보일 것입니다.

〈그림 5-6. VirtualButton 오브젝트의 모습〉

VirtualButton 오브젝트의 크기와 위치를 조정하여 버튼으로 인식시킬 범위를 지정해주어야
합니다. 실제로 타깃 이미지를 손으로 가려야 작동을 하기 때문에 타깃 이미지의 일부분을
지정해주는 것이 좋습니다. 아래와 같이 지정해줍니다.

〈그림 5-7. VirtualButton의 범위 설정〉

본 프로젝트에서 이용할 에셋을 받습니다. Small Red Dragon을 에셋 스토어에서 검색해서
다운로드 받습니다.

〈그림 5-8. Small Red Dragon 에셋 다운로드〉

프로젝트 창에 VBtutton이라는 스크립트를 새로 생성하겠습니다. 그리고 다음과 같이 작성합니다.

```
using UnityEngine;
using Vuforia; ❶

public class VButton : MonoBehaviour, IVirtualButtonEventHandler{

    VirtualButtonBehaviour[] virtualBtnBehaviours;
    // Use this for initialization
    //public GameObject warning;

    void Start () {
        virtualBtnBehaviours = GetComponentsInChildren<VirtualButtonBehaviour>();

        for (int i = 0; i < virtualBtnBehaviours.Length; ++i)
        {
            virtualBtnBehaviours[i].RegisterEventHandler(this);
        }
    }

❸ public void OnButtonPressed(VirtualButtonBehaviour vb){
        Debug.Log("OnButtonPressed: " + vb.VirtualButtonName);
      ❷ GetComponentInChildren<Animator>().SetBool("isAttack", true);
        //warning.SetActive (true);
    }
```

```
❸ public void OnButtonReleased(VirtualButtonBehaviour vb)
  {
      Debug.Log("OnButtonReleased: " + vb.VirtualButtonName);
   ❷ GetComponentInChildren<Animator>().SetBool("isAttack", false);
  }
}
```

❶에 Vuforia를 추가해주어야 아래 뷰포리아 관련 함수들을 이용할 수 있습니다.

❷에서 isAttack 파라미터를 이용해서 오브젝트의 애니메이션을 변경시킵니다.

❸에서 시작하는 함수들은 각각 가상 버튼이 눌렸을 때 그리고 다시 떼어졌을 때 호출되는 함수들입니다. 해당 스크립트를 ImageTarget 오브젝트에 연결시켜주세요.

그리고 애니메이션 변경을 위한 Animator Controller를 생성합니다. 프로젝트 창에서 마우스 오른쪽 클릭, Create 〉Animator Controller를 클릭합니다. 이름은 Dragon으로 작성합니다.

〈그림 5-9. Dragon 애니메이터 컨트롤러 생성〉

이전 콘텐츠를 개발하면서 만들어본 애니메이터 컨트롤러지만 다시 한번 만들어 보겠습니다. Dragon 애니메이터 컨트롤러를 더블클릭하여 열어줍니다.

2. 애니메이터 컨트롤러 사용하기

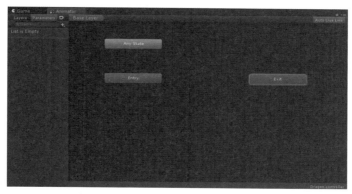

〈그림 5-10. Dragon 애니메이터 컨트롤러〉

애니메이션 클립을 본 컨트롤러에 연결시켜야 합니다. 다운받은 Small Red Dragon 에셋 폴더에 들어가서 SJ001_wait, SJ001_skill1 오브젝트 파일을 찾습니다. 이 두 파일 하위에 있는 애니메이션 클립을 이용해야 합니다. 저 두 오브젝트 파일을 통째로 애니메이터 컨트롤러로 드래그해서 옮깁니다.

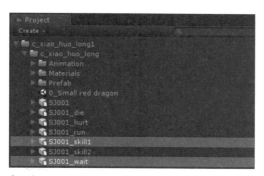

〈그림 5-11. SJ001_wait, SJ001_skill1 오브젝트 파일〉

SJ001_wait를 먼저 연결하고, 그 다음에 SJ001_skill1를 옮깁니다.

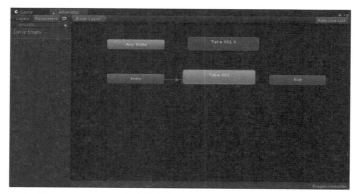

〈그림 5-12. Dragon 애니메이터 컨트롤러에 애니메이션 클립 삽입〉

이제 방향을 설정해주고 파라미터를 만들어야 합니다. Take 001 클립에서 마우스 오른쪽 클릭을 하고 Make Transition을 선택해서 화살표를 만듭니다. 진행 방향은 회색 Take 001 0 클립입니다. 역방향 화살표도 만들어주세요.

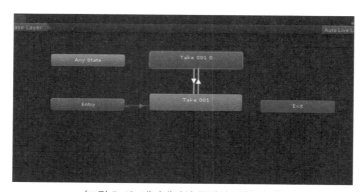

〈그림 5-13. 애니메이션 클립의 방향 설정〉

애니메이터 컨트롤러 창 좌측 상단에 Parameters 탭을 클릭합니다. 그리고 우측 + 버튼을 눌러 bool형의 파라미터를 생성합니다. 이름은 isAttack으로 작성합니다.

〈그림 5-14. Bool 형 파라미터 생성〉

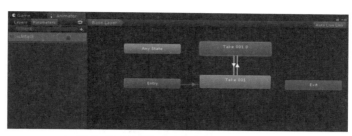

〈그림 5-15. 완성된 애니메이터 컨트롤러의 형태〉

이제 두 클립을 잇는 각각의 화살표들을 선택하여 애니메이션이 넘어가는 조건을 걸어주어야 합니다. 밑에서 위로 올라가는 화살표는 isAttack이 참일 경우, 아래로 내려가는 화살표는 isAttack이 거짓일 경우로 설정합니다.

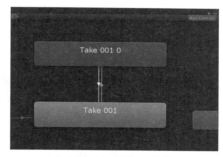

〈그림 5-16. 화살표 선택〉

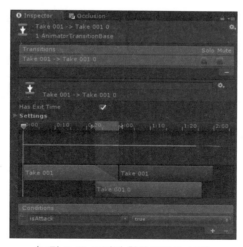

〈그림 5-17. 조건이 참일 경우로 설정〉

이제 애니메이터 컨트롤러를 완성했으니 오브젝트와 연결시킵니다. Small Red Dragon 에셋 폴더 내에 있는 SJ001_wait 오브젝트를 찾아 ImageTarget 오브젝트의 하위 오브젝트로 올립니다.

〈그림 5-18. ImageTarget 오브젝트의 하위 자식 오브젝트인 SJ001_wait〉

SJ001_wait 오브젝트를 선택하고 우측 인스펙터 창의 Animator 컴포넌트를 확인합니다. Controller 항목에 방금 완성시킨 Dragon 애니메이터 컨트롤러를 연결시킵니다.

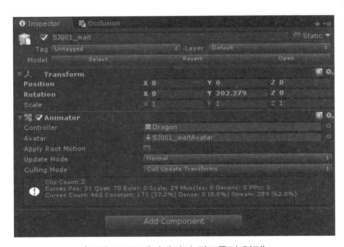

〈그림 5-19. 애니메이터 컨트롤러 연결〉

이제 상단의 플레이 버튼을 눌러 제대로 작동을 하는지 확인합니다.

〈그림 5-20. 가상 버튼을 가리지 않았을 때〉

〈그림 5-21. 가상 버튼 부분을 가렸을 때〉

웹캠이나 모바일 디바이스로 타깃 이미지를 바라보다가 가상 버튼 부분을 가려봅시다. 그럼 지정했던 공격 애니메이션이 발동될 것입니다.

뷰포리아의 물체 인식 사용해보기

이전 프로젝트 및 예제들에서 이미지 타깃 그리고 원통형 타깃을 인식시키는 방법을 배워보았습니다. 뷰포리아는 이 이외에도 여러 종류의 인식 방법을 제공하는데 그중 하나가 물체 인식입니다. 실제 우리가 가지고 있는 물체(장난감 피규어, 모형 자동차) 등을 모바일로 스캔해서 얻은 정보로 콘텐츠를 만들게 됩니다. 해당 오브젝트를 인식하면 만든 콘텐츠가 펼쳐집니다.

먼저 뷰포리아 개발자 포탈에 들어갑니다. Download 탭을 클릭하고 Tools로 들어갑니다.

〈그림 Ex3-1. 뷰포리아 개발자 포탈의 Download 탭〉

스크롤을 아래로 내려서 Vuforia Object Scanner 항목을 찾습니다. Download APK를 클릭하여 모바일에 설치할 프로그램을 다운받습니다.

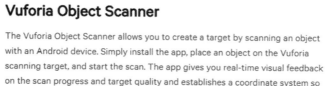

Vuforia Object Scanner

The Vuforia Object Scanner allows you to create a target by scanning an object with an Android device. Simply install the app, place an object on the Vuforia scanning target, and start the scan. The app gives you real-time visual feedback on the scan progress and target quality and establishes a coordinate system so that you can build immersive experiences with precisely aligned digital content. The test mode allows you to evaluate the recognition and tracking quality within the app before you start any development. Complete instructions can be found in the guide.

Note: the Vuforia Object Scanner is supported on the devices listed here.

Download APK
scanner-7-1-31.zip (27.35 MB)

Release notes

〈그림 Ex3-2. Vuforia Object Scanner 다운로드〉

압축 파일을 풀어서 내용을 보면 APK 파일 하나와 media 폴더 하나가 있습니다. APK 파일은 안드로이드 모바일 폰에 담아서 어플리케이션을 설치할 수 있는 파일이고 media 폴더 안에는 오브젝트 인식 시에 필요한 타깃 이미지가 동봉되어 있습니다.

이름	수정한 날짜	유형	크기
media	2018-05-29 오후...	파일 폴더	
scanner-7-1-31.apk	2018-03-20 오전...	APK 파일	26,971KB

〈그림 Ex3-3. Vuforia Object Scanner 파일의 내용물〉

해당 APK 파일을 통해 설치를 완료해서 어플리케이션을 실행시키면 다음과 같은 화면이 나옵니다. (본 어플리케이션은 삼성 Galaxy S6 이상의 폰에서 작동합니다)

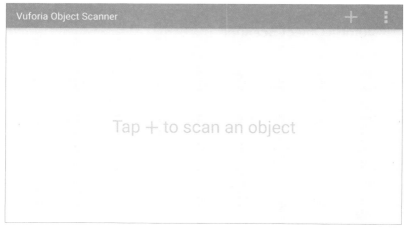

〈그림 Ex3-4. Vuforia Object Scanner 어플리케이션 실행 화면〉

우측 상단 + 버튼을 눌러 캡처를 준비합니다.

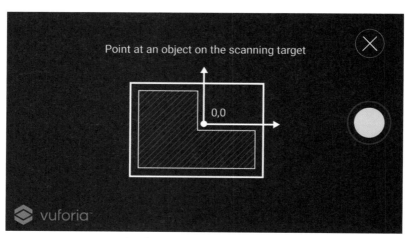

〈그림 Ex3-5. + 버튼을 누른 화면〉

캡처를 하기 위해서는 media 폴더 안에 있던 타깃 이미지가 필요합니다. 다음과 같이 생긴 이미지입니다.

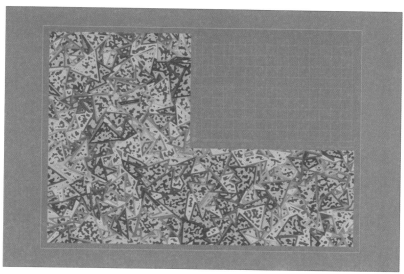

〈그림 Ex3-6. 오브젝트 인식 캡쳐를 위한 이미지 타깃〉

본 타깃 이미지를 인쇄한 후 우측 상단의 눈금이 있는 공간에 물체를 놓고 캡쳐를 진행하여
야 합니다.

〈그림 Ex3-7. 오브젝트 인식 캡처 과정〉

모바일 디바이스의 우측 녹화 버튼을 눌러 캡쳐를 진행합니다. 오브젝트와 타깃 이미지는 그
대로 둔 채 카메라를 오브젝트 주위로 회전시켜 모든 면을 캡쳐합니다.

〈그림 Ex3-8. 오브젝트 인식 캡처 완료〉

〈그림 Ex3-9. 오브젝트 인식 캡처 전송〉

캡처가 완료되면 우측 하단 체크 버튼을 눌러 오브젝트의 이름을 작성하고 그 다음 화면에서 우측 상단의 공유하기 버튼을 눌러 이메일로 보내거나 '내 PC\SM-G900K\Phone\VuforiaObjectScanner\ObjectReco' 경로에 있는 Od 확장자 파일을 찾습니다. Od 파일은 Object Data라는 뜻을 가진 파일입니다.

이제 od 파일을 뷰포리아 포탈에 업로드해야 합니다. 뷰포리아 포탈에 들어가서 데이터 매니저 탭으로 들어갑니다. ARObjectRecog라는 데이터베이스를 생성합니다.

〈그림 Ex3-10. 뷰포리아 데이터베이스 생성〉

ARObjectRecog 데이터베이스를 클릭하여 들어가서 Add Target을 눌러 제일 우측에 있는 3D Object를 선택합니다. File 항목의 Browse 버튼을 눌러 아까 받은 od 파일을 찾아 등록합니다.

〈그림 Ex3-11. 뷰포리아 데이터베이스 타깃 오브젝트 등록〉

Download Database를 눌러 ARObjectRecog 데이터베이스를 다운로드받습니다. 다운받은
패키지 파일을 더블클릭하여 프로젝트에 불러옵니다.

〈그림 Ex3-12. 뷰포리아 데이터베이스 다운로드〉

프로젝트에 ARCamera, 뷰포리아 SDK를 추가하고 뷰포리아 설정창에서 라이선스 키와 데
이터베이스 사용 여부에 체크합니다.

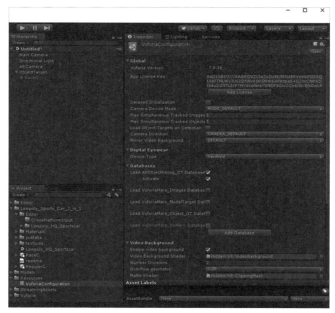

〈그림 Ex3-13. 뷰포리아 설정 창에서 라이선스 키 및 데이터베이스 등록〉

에셋 스토어에서 car 타깃 오브젝트에 씌울 자동차 에셋을 다운받습니다. 또는 어떠한 에셋
이던지 상관 없습니다.

계층 구조 창에서 마우스 오른쪽 클릭 Vuforia 〉 3D Scan을 클릭하여 오브젝트 타깃(ObjectTarget)
을 생성합니다. ObjectTarget이 ImageTarget과 같은 역할을 할 것입니다.

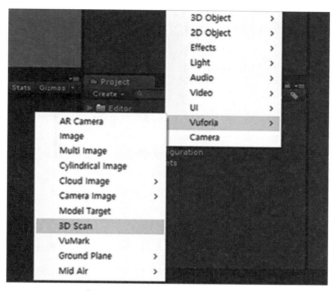

〈그림 Ex3-14. 오브젝트 타깃 생성〉

생성된 ObjectTarget 오브젝트를 선택하고 우측 인스펙터 창을 확인합니다. Object Target
Behavior 항목의 Database와 Object Target 항목을 아까 생성한 오브젝트 타깃으로 바꿔줍
니다.

〈그림 Ex3-15. ObjectTarget 오브젝트의 속성 설정〉

OjectTarget 오브젝트를 선택하고 씬 창을 확인해보면 반투명한 육면체가 보입니다. 이 공간이 실제 타깃 오브젝트를 인식하고 가상 오브젝트를 띄울 기준 공간이 됩니다.

이 위치에 아까 다운받은 자동차 에셋을 넣어봅니다.

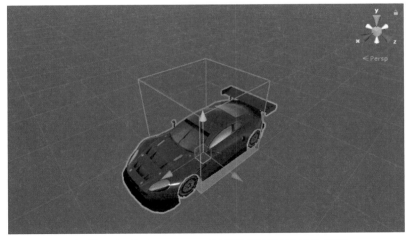

〈그림 Ex3-16. ObjectTarget 오브젝트에 자동차 에셋 연결〉

"8장. 안드로이드로 빌드하기"를 참고하여 모바일로 빌드를 해서 물체를 인식시켜봅니다.

〈그림 Ex3-17. 오브젝트를 인식한 모습〉

실제 물체를 카메라로 인식시키면 아까 추가했던 자동차 모델이 실제 물체 위로 표현되는 것을 확인할 수 있습니다.

뷰포리아를 이용한 Markerless 증강현실 콘텐츠 만들기

1. Ground Plane Detection

뷰포리아는 기본적인 타깃 마커 기반의 증강현실 기술뿐만 아니라 markerless 기반의 증강현실 기술도 제공합니다. 이전 버전에서는 기능이 다소 아쉬웠지만 업그레이드를 통해 굉장히 쓸 만하게 발전하였습니다. 특히 요즘 ARCore 및 ARKit를 이용하여 많은 markerless 증강현실 콘텐츠가 등장하고 있는데요. 두 소프트웨어의 단점은 듀얼 카메라를 지원하는 디바이스를 사용해야 한다는 점입니다. ARCore 및 ARKit를 사용하기에는 아직 범용성이 낮기 때문에 상대적으로 기본 카메라로도 markerless 증강현실을 구현할 수 있는 뷰포리아를 이용하는 것도 좋은 생각입니다.

먼저 지면을 인식해서 모바일 디바이스를 터치하면 그 자리에 물체를 생성할 수 있도록 만들어 보겠습니다. 새로운 프로젝트를 생성합니다.

프로젝트 세팅은 기존 뷰포리아를 이용한 프로젝트 세팅과 동일합니다. 빌드 세팅에서 안드로이드 플랫폼으로 변경하고 플레이어 세팅에서 뷰포리아 서포트에 체크합니다.

〈그림 6-1. GroundPlaneProject 프로젝트 생성〉

〈그림 6-2. 뷰포리아 증강현실 세팅〉

계층 구조 창에 ARCamera를 추가하고 뷰포리아 SDK를 임포트합니다. ARCamera를 선택
하고 우측 인스펙터 창에서 Open Vuforia Configuration을 클릭하여 들어간 다음 라이선스
키를 추가합니다.

〈그림 6-3. 뷰포리아 라이선스 키 등록〉

그리고 Vuforia Configuration 창에서 한 가지 더 설정을 해주어야 합니다. 설정창에서 조금 더 내려가면 Device Tracker라는 항목을 찾아 체크를 합니다. 그리고 나타나는 Tracking Mode 항목을 POSITIONAL로 변경해줍니다.

〈그림 6-4. 뷰포리아 설정창 내의 Device Tracker 항목 수정〉

지금부터 추가하는 오브젝트들이 이전에 만들었던 증강현실 콘텐츠들의 오브젝트 들과는 조금 다릅니다. 계층 구조 창에서 마우스 오른쪽 클릭을 하고 Vuforia 항목에 들어갑니다. 그리고 Ground Plane 항목 안에 있는 Plane Finder를 클릭하여 생성합니다. 생성한 Plane Finder 오브젝트는 ARCamera의 하위 오브젝트로 옮겨놓습니다.

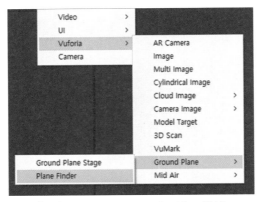

〈그림 6-5. Plane Finder 오브젝트 생성〉

〈그림 6-6. 계층 구조 창 내에서 Plane Finder 오브젝트의 위치〉

다시 계층 구조 창에서 마우스 오른쪽 클릭, Vuforia, Ground Plane으로 들어가서 이번엔 Ground Plane Stage를 클릭하여 생성합니다.

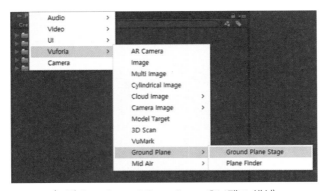

〈그림 6-7. Ground Plane Stage 오브젝트 생성〉

2. 자동차 오브젝트 적용하기

이번 콘텐츠에서 이용할 오브젝트를 찾아보겠습니다. Ctrl + 9를 눌러서 에셋 스토어로 들어 갑니다. Sport Car를 검색하고 다운로드 받습니다.

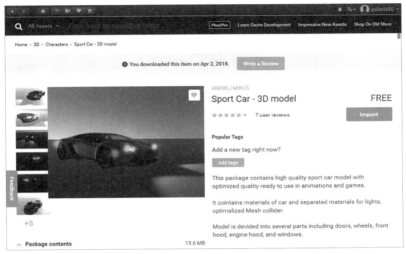

〈그림 6-8. 에셋 스토어에서 자동차 에셋 다운로드〉

프로젝트 창의 Sport Car - 3D model 폴더로 들어가서 Prefabs 폴더에 있는 SportsCar 오브 젝트를 끌어서 Ground Plane Stage 오브젝트의 하위 오브젝트로 위치시킵니다. SportCar의 위치를 Ground Plane Stage 오브젝트에 맞추어 변경합니다. 크기는 조금 크게 설정하겠습니다. (0.25, 0.25, 0.25)

그리고 현재 ARCamera의 시야에 sportCar 오브젝트가 보이기 때문에 현 시점에서 테스트를 진행하면 시야가 가려질 수 있습니다. 그래서 Ground Plane Stage 오브젝트의 위치를 100, 100, 100으로 이동시켜 시야에서 벗어나게 하겠습니다.

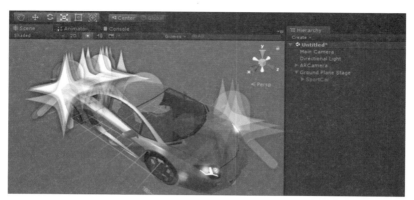

〈그림 6-9. 자동차 에셋의 계층 구조 창에서의 위치〉

마지막으로 ARCamera 하위에 있는 Plane Finder 오브젝트를 선택하고 우측 인스펙터창을 확인합니다. Content Positioning Behavior (Script) 컴포넌트의 Anchor Stage 변수 항목에 계층 구조 창에 있는 Ground Plane Stage를 끌어서 놓습니다.

〈그림 6-10. Anchor Stage 변수 항목에 Ground Plane Stage 오브젝트 등록〉

여기까지 완료가 되었으면 이제 테스트를 진행합니다. 보다 정확한 진행을 위해서 모바일 디바이스로 포팅을 해서 테스트를 하는 것을 권장합니다. 모바일로 빌드를 하는 과정은 본 서의 "8장, 안드로이드로 빌드하기"를 보고 천천히 따라하면 되겠습니다.

〈그림 6-11. Ground Detection 테스트 화면(모바일 기기 캡쳐)〉

먼저 지면을 인식시키고 모바일 폰의 화면을 터치합니다. 터치한 부분에 자동차가 생성되는 것을 확인할 수 있습니다. 그림자가 생성되지 않아 공중에 붕 뜬 느낌이지만 지면을 인식하고 자동차를 도로에 생성할 수 있습니다.

가상현실 프로젝트 1 : 모델하우스 만들기

1. 뷰포리아로 VR 콘텐츠를 만들기 위한 환경 설정

뷰포리아는 증강현실 SDK로 많이 알려져 있지만 Stereoscopic Viewer mode, 즉 가상현실 뷰도 지원을 합니다. 이번 프로젝트에서는 뷰포리아 SDK의 뷰어 모드를 이용한 가상현실 모델하우스를 만들어 보도록 하겠습니다.

먼저 프로젝트를 새로 생성하고 평소와 마찬가지로 씬을 저장한후 빌드 세팅으로 들어갑니다. 빌드 플랫폼은 안드로이드로 바꿔 주시고 플레이어 세팅 버튼을 누릅니다. 인스펙터 창하단의 XR 세팅 부분에서 Vuforia Augmented Reality Supported를 체크해줍니다. 여기까지는 뷰포리아를 이용한 증강현실 개발 환경 세팅과 다르지 않습니다. 하지만 가상현실 뷰어를 이용하기 위해서는 그 윗단의 Virtual Reality Supported란도 체크를 해야 합니다. 체크를 하고 나면 바로 아래에 어떤 SDK를 이용할 것인지를 정하는 공간이 나오는데 + 버튼을 눌러 Vuforia를 찾아 클릭해줍니다. 그리고 계층 구조 창에서 ARCamera를 추가하여 뷰포리아 SDK를 불러오면 됩니다.

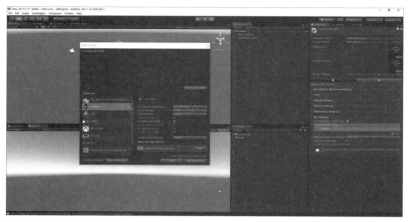

〈그림 7-1. 빌드 세팅 및 플레이어 세팅 창에서 해야할 설정들〉

이후에 몇 가지 설정을 건드려주면 뷰포리아로 가상현실을 개발할 수 있습니다. 먼저
ARCamera를 선택한 후 인스펙터창의 Camera 컴포넌트에서 Clear Flags 부분을 Skybox로
바꿔줍니다. 그리고 하단의 Vuforia Behaviour 컴포넌트에서 World Center Mode를 Device_
Tracking으로 바꿔줍니다.

〈그림 7-2. ARCamera 오브젝트의 Camera 컴포넌트 수정 1〉

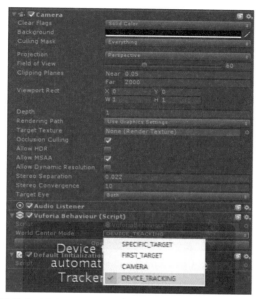

〈그림 7-3. ARCamera 오브젝트의 Camera 컴포넌트 수정 2〉

뷰포리아 설정창(Open Vuforia Configuration)으로 들어가서 Digital Eyewear 항목의 Device Type 을 Phone+Viewer로 바꾸고 더 밑에 있는 Video Background 항목의 Overflow geometry 부분을 None으로 바꿔줍니다.

〈그림 7-4. Vuforia Configuration의 Digital Eyewear 항목 수정〉

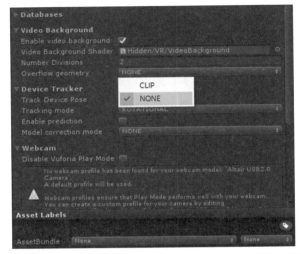

〈그림 7-5. Vuforia Configuration의 Video Background 항목 수정〉

설정을 다 완료하였으면 유니티 상단의 Play 버튼을 눌러 게임 창을 확인해봅니다. 화면이 양 안으로 나오는지 확인한 후 게임창에서 키보드 Alt를 누른 상태로 마우스를 상하좌우로 이동 시켜 봅니다. 이 행위는 매번 디바이스에 빌드를 해서 테스트를 하기 힘들기 때문에 게임창 에서 가상으로 상하좌우를 바라보며 테스트를 진행할 수 있습니다.

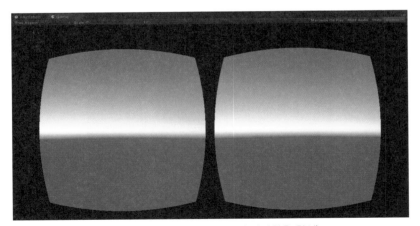

〈그림 7-6. 플레이 버튼을 눌러 게임창을 확인〉

2. 모델하우스 만들기

기본 세팅을 끝냈으니 이제 모델 하우스를 받아 봅시다. Ctrl + 9를 눌러 에셋 스토어를 열어 봅니다. 검색창에 Simple Home Stuff을 넣고 무료 에셋으로 검색을 합니다. 아래 사진과 같 은 에셋을 받아줍니다.

〈그림 7-7. Simple Home Stuff라는 에셋 다운로드〉

프로젝트 창에 HomeStuff라는 폴더가 생성되었을 것입니다. 폴더를 열어 제일 아래의 Demo 씬을 열어봅니다.

〈그림 7-8. Home Stuff 에셋의 샘플 씬 실행〉

다음과 같이 방이 미리 만들어져 있습니다. 이 방을 복사하여 사용해봅시다. 일단 계층 구 조 창에서 빈 게임 오브젝트를 생성하고 이름을 ModelRoom으로 바꿉니다. 그리고 Main

Camera와 Directional Light를 제외한 나머지 게임 오브젝트들을 모두 ModelRoom 게임 오브젝트 하위로 이동시킵니다. ModelRoom 게임 오브젝트를 드래그하여 아래 프로젝트 창으로 옮겨봅니다.

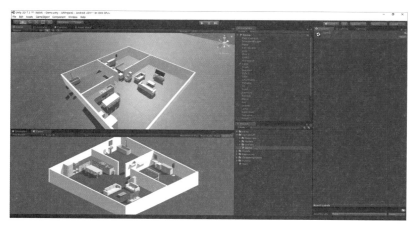

〈그림 7–9. 샘플 씬에 있는 모델 하우스를 프리팹화〉

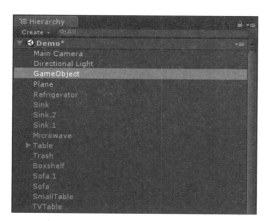

〈그림 7–10. 빈 게임 오브젝트를 생성〉

프로젝트 창에 ModelRoom이라는 프리팹이 생성되는데, 프로젝트 창의 프리팹을 계층 구조 창에 끌어다가 놓으면 바로 사용할 수 있습니다. 보통 프리팹은 같은 속성을 가진 오브젝트들(예를 들면 게임 속의 몬스터)을 여러 개 배치하여야 하는 경우 이용됩니다.

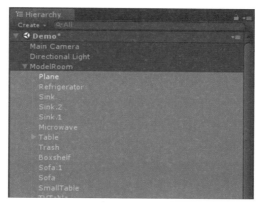

〈그림 7-11. 빈 게임 오브젝트의 이름을 ModelRoom으로 변경, 오브젝트 이동〉

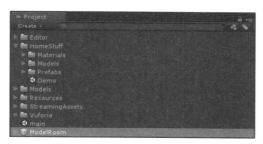

〈그림 7-12. ModelRoom 프리팹〉

프리팹을 만들었으면 다시 이전 씬으로 되돌아가서 계층 구조 창에 ModelRoom 프리팹을 배치시킵니다. 배치시킨 후 위치값을 0, 0, 0으로 바꿔줍니다.

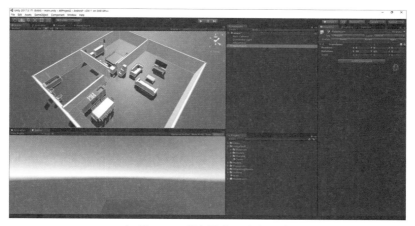

〈그림 7-13. 메인 씬에 프리팹 세팅〉

이번 프로젝트에서는 나 자신이 ARCamera가 되어 집 안을 돌아다닐 수 있어야 합니다. 하지만 유니티 상단 플레이 버튼을 누르고 ARCamera를 이동시켜보면 이동이 안 되고 고정이 되는 것을 확인할 수 있습니다. 때문에 계층 구조 창에서 빈 게임 오브젝트를 생성하고 그 아래에 자식 오브젝트로 ARCamera를 두어야 합니다. 빈 게임 오브젝트를 생성하고 이름을 Head로, 위치값을 0, 0, 0으로 초기화시킵니다. ARCamera의 위치값 역시 0,0,0으로 변경하고 Head의 자식 오브젝트로 위치시킵니다.

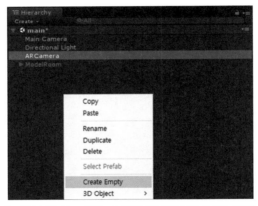

〈그림 7-14. Head라는 이름의 빈 게임 오브젝트 생성〉

그럼 이제 Head를 세팅해 놓은 집 안에 위치시켜 봅시다. Head의 위치 값을 55, -55, 55로 변경하고 회전 값은 0, 0, 0 으로 세팅합니다. 그리고 플레이 버튼을 눌러 테스트를 해봅니다. 플레이 상태에서 Alt 키를 누른 상태로 마우스를 상하좌우로 이동시켜 가상현실 상태로 볼 수 있는지 확인해봅니다.

가상현실 콘텐츠의 가장 큰 특징은 가상현실 내의 사물들과의 인터렉션입니다. 고급 가상현실 기기들은 컨트롤러를 이용한 인터렉션이 가능하지만 모바일 가상현실 콘텐츠의 경우 컨트롤러를 활용할 수 있는 환경이 조성되지 않은 경우가 더 많습니다. 때문에 모바일 가상현실 환경에서는 플레이어가 바라보는 시점을 이용한 인터렉션이 주를 이룹니다. 이를 유니티 내의 레이캐스트(Raycast)라는 것을 이용하여 구현해봅시다.

먼저 계층 구조 창에서 마우스 오른쪽 클릭, UI, Image를 선택하여 이미지를 생성합니다. 계층 구조 창에 EventSystem과 Canvas라는 게임 오브젝트가 생성될 것입니다. EventSystem

은 그대로 두고 Canvas 오브젝트를 선택합니다. Canvas는 모든 UI 요소들을 배치하기 위한 공간입니다. UI 요소인 Image나 Button 등을 생성하였을 때 Canvas는 자동으로 생성되며 Canvas의 하위 자식 오브젝트로 UI 요소들이 생성됩니다. 이미 Canvas가 존재할 경우에는 그 하위 자식 오브젝트에 생성되기 때문에 Canvas를 따로 추가해주어야 합니다.

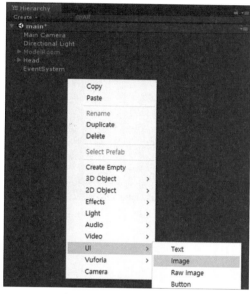

〈그림 7-15. UI Image 생성〉

Canvas를 선택하고 우측 인스펙터창의 Canvas 컴포넌트를 봅니다. Render Mode 항목을 Screen Space – Overlay에서 World Space로 바꿔줍니다.

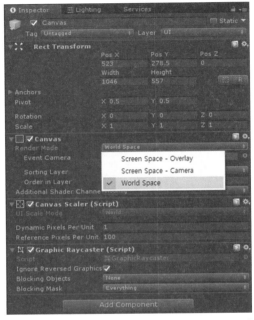

〈그림 7-16. Canvas 오브젝트의 Render Mode 변경〉

❶ Screen Space - Overlay 모드는 화면 크기와 해상도가 변경되었을 때 스크린에 일치하도록 자동으로 크기를 변경시켜주는 모드입니다.

❷ Screen Space - Camera 모드는 Overlay와 비슷하지만 지정된 거리의 Camera 앞에 배치 되기 때문에 카메라의 설정이 UI 모양에 영향을 끼칠 수 있습니다.

❸ World Space 모드는 Canvas를 씬 내의 오브젝트처럼 작동시킵니다. 이 특성 때문에 가상 현실 속의 메뉴로 만들 때 자주 사용됩니다.

Canvas의 하위 오브젝트인 Image를 선택하고 우측 인스펙터창을 확인합니다. Image 컴포 넌트의 첫 번째 요소인 Source Image를 Knob으로 바꿔줍니다. 우측의 동그라미를 클릭하면 여러 이미지를 선택할 수 있고 여기서 Knob을 찾아서 선택하면 됩니다.

〈그림 7-17. Image 오브젝트의 Source Image 항목 선택〉

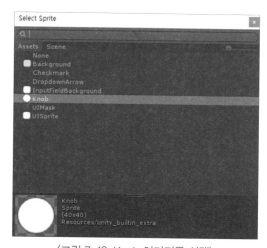

〈그림 7-18. Knob 이미지를 선택〉

이제 Canvas 오브젝트를 ARCamera 하위 오브젝트로 이동시키고 인스펙터 창의 Rect Transform 컴포넌트에서 PosX 및 PosY를 0으로, PosZ를 1로 변경합니다. Image 오브젝트의 PosX, PosY, PosZ 역시 0, 0, 0으로 변경하고, 그 아래 Width, Height 는 0.05로 변경합니다.

〈그림 7-19. Canvas 오브젝트의 크기 및 위치〉

모든 작업을 완료하고 테스트를 해보면 아래와 같이 스크린 앞에 동그란 원이 존재할 것입니다.

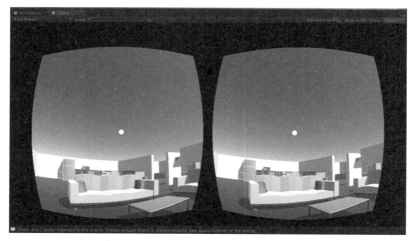

〈그림 7-20. 초점(Reticle)이 보이는 게임 창〉

스크린 앞의 하얀색 원은 우리가 바라볼 시점이 될 것입니다.

이제 눈 앞의 원을 기준으로 앞으로 뻗어나가는 레이캐스트를 만들어야 합니다. 이 광선이 가상현실 속에서 물체를 인식하고 상호작용을 가능하게 하는 역할을 합니다. 프로젝트 창에서 마우스 오른쪽 클릭, Create, C# Script를 선택합니다. 스크립트의 이름은 rayCast라고 정해줍니다.

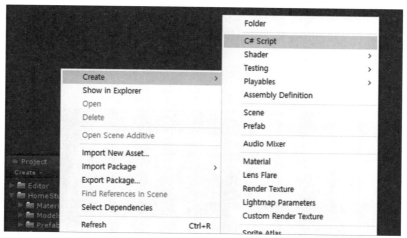

〈그림 7-21. C# 스크립트 생성〉

업데이트 함수 안에 아래와 같이 코드를 작성합니다.

```
using System.Collections;
using System.Collections.Generic;
using UnityEngine;

public class raycast : MonoBehaviour {

    // Use this for initialization
    void Start () {

    }

    // Update is called once per frame
    void Update () {
        RaycastHit hit;
        Vector3 forward = transform.TransformDirection (Vector3.forward) * 1000;
        Debug.DrawRay (transform.position, forward, Color.green);
        if (Physics.Raycast (transform.position, forward, out hit)) {
            Debug.Log ("hit");
        }
    }
}
```

증강현실 카드 게임 콘텐츠에서 작성한 것과 같은 레이캐스트 스크립트입니다. 이 스크립트를 계층 구조 창의 ARCamera에 컴포넌트로써 추가를 시키고 플레이 버튼을 눌러 레이캐스트가 잘 나가는지 확인해봅니다.

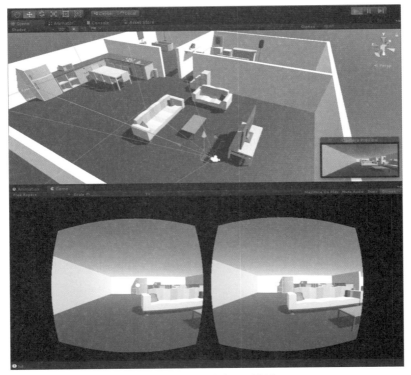

〈그림 7-22. 레이캐스트 확인〉

레이캐스트가 잘 작동한다면 계층 구조창의 ModelRoom 오브젝트 안에 있는 Refrigerator 오브젝트를 찾아봅니다. 씬 창에서 냉장고 오브젝트를 찾아도 됩니다.

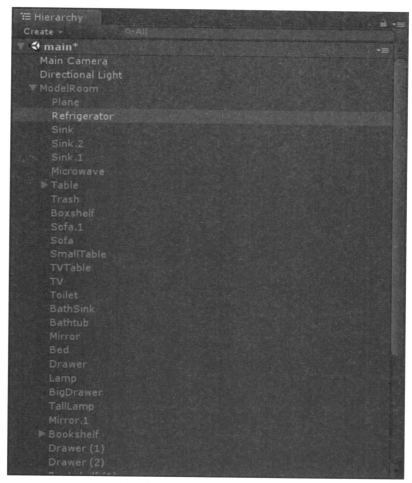

〈그림 7-23. 냉장고 오브젝트 선택〉

플레이어가 냉장고를 바라보면 냉장고를 향해서 이동을 하게 만들 것입니다. 냉장고를 인식하기 위해서 냉장고에 Box Collider를 추가합시다. Refrigerator 오브젝트를 선택하고, 우측 인스펙터 창에서 Add Component를 클릭, Box Collider를 검색하고 선택합니다. Box Collider의 크기를 적당하게 맞춰줍니다.

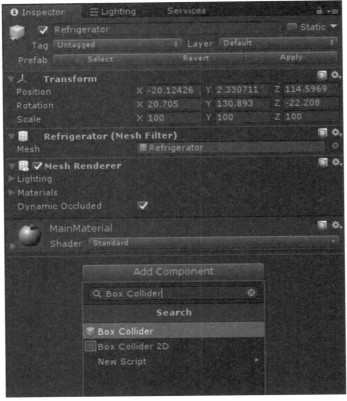

〈그림 7-24. 냉장고 오브젝트에 박스 충돌체 생성〉

플레이 버튼을 눌러 게임창에서 냉장고를 바라봅니다. 그리고 콘솔 창에서 hit라는 문구가 뜨는지 확인합니다.

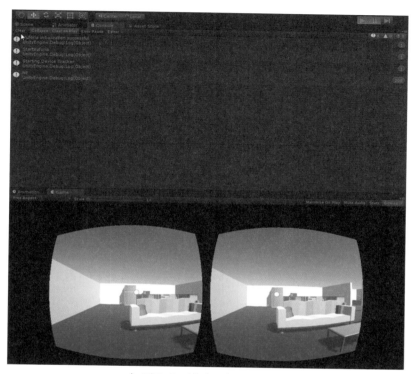

〈그림 7-25. 냉장고에 시선 고정〉

이제 냉장고 앞으로 이동을 해봅시다. 계층 구조 창에 Point_01이라는 이름의 빈 게임 오브젝트를 생성하고 55, -55, 75에 위치시킵니다.

Refrigerator 오브젝트를 다시 선택합니다. 우측 인스펙터 창 상단에 Tag라는 항목을 클릭해서 Add Tag를 선택합니다. 오른쪽 + 버튼을 누르고 이름에 refrigerator라고 적은 후 Save 버튼을 누릅니다.

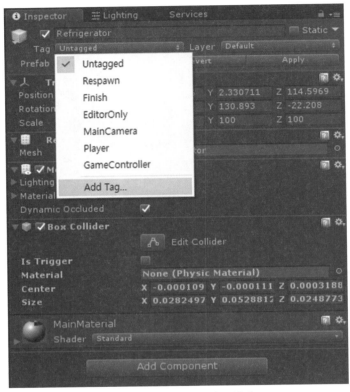

〈그림 7-26. 냉장고에 태그 설정〉

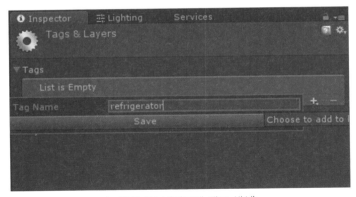

〈그림 7-27. 냉장고에 태그 생성〉

다시 Refrigerator 오브젝트를 선택하고 Tag 부분을 클릭하여 아까 등록한 refrigerator가 있는지 확인합니다. 이 작업은 태그(Tag)를 특정 오브젝트에 입혀서 나중에 레이캐스트로 인식할 시 태그에 따라 다른 작업을 할 수 있게 합니다. 우리가 한 작업은 냉장고(Refrigerator) 오브젝트에 refrigerator라는 태그를 달아준 것입니다.

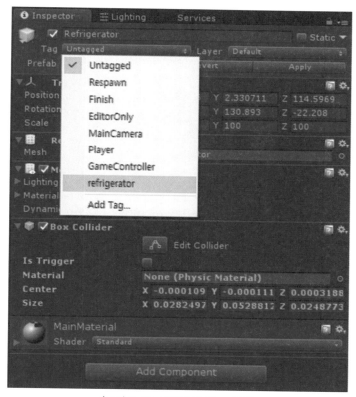

〈그림 7-28. 냉장고에 태그 삽입〉

이제 rayCast 스크립트를 다음과 같이 수정합니다.

```
using System.Collections;
using System.Collections.Generic;
using UnityEngine;

public class raycast : MonoBehaviour {

    public GameObject head;
    public GameObject pos1;

    // Use this for initialization
    void Start () {

    }

    // Update is called once per frame
    void Update () {
        RaycastHit hit;
        Vector3 forward = transform.TransformDirection (Vector3.forward)*1000;
        Debug.DrawRay (transform.position, forward, Color.green);
        if (Physics.Raycast (transform.position, forward, out hit);) {
            if(hit.collider.tag == "refrigerator"){
                StartCoroutine(moveCo());
            }
            Debug.Log("hit");
        }
    }

    IEnumerator moveCo(){
        while (head.transform.position != pos1.transform.position) {
            head.transform.position = Vector3.MoveTowards
                (head.transform.position, pos1.transform.position,
                Time.deltaTime*0.5f);
            yield return null;
        }
    }
}
```

위 스크립트에서는 코루틴(Coroutine) 기법과 이동 로직이 사용되었습니다. 기본적으로 유니티 스크립트의 Update문은 프레임당 1회씩 호출됩니다. 하지만 코루틴은 프레임에 상관없이 별도의 서브 루틴에서 원하는 작업을 할 수 있도록 해주기 때문에 Update문에 구애받지 않을 수 있습니다. 유니티나 프로그래밍을 처음 접하시는 분들에게는 코루틴의 개념이 조금 어려울 수 있습니다. 만약 위 스크립트에서 코루틴이 사용되지 않았다면 냉장고를 바라보고 이동을 할 때 자연스럽게 이동을 하지 않거나 이동을 하고 나서 다시 이동이 되거나 하는 오류가 생깁니다. 코루틴은 앞으로 몇 번 더 써보면서 익혀보도록 합시다.

이동 로직은 Vector3 클래스의 MoveTowards를 사용하였습니다. 괄호 안에 세 개의 인자가 들어가는데 첫 번째는 출발점, 두 번째는 목적지, 세 번째는 프레임당 이동입니다. 여기서는 출발점에 Head의 위치, 목적지에 Point_01의 위치, 프레임당 이동에는 시간당 이동을 넣었습니다.

저장을 하고 유니티 에디터로 넘어와서 테스트를 해봅니다. 플레이 버튼을 누르기 전에 ARCamera 오브젝트를 선택하고 인스펙터 창의 제일 하단 스크립트 컴포넌트에 해당하는 오브젝트들을 드래그해서 넣어줍니다. Head에는 Head, Pos1에는 Point_01입니다.

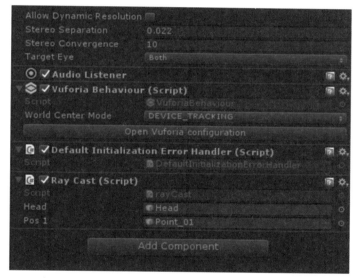

〈그림 7-29. 레이캐스트 스크립트의 변수에 오브젝트 연결〉

상단 플레이 버튼을 눌러서 냉장고를 바라보면 이동을 할 것입니다.

이제 방 입구로 이동을 해봅시다. Point_02라는 빈 게임 오브젝트를 만들고 70, -55, 69.24에 위치시킵니다.

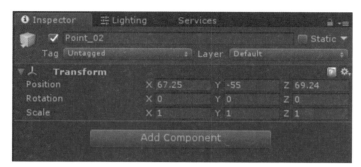

〈그림 7-30. 이동할 목적지 생성 및 세팅〉

오른쪽 방 입구에 문을 만들어보겠습니다. 다시 빈 게임 오브젝트를 생성하여 이름을 Door
로, 위치를 70.76, -55, 65.77로 수정합니다. 그리고 Cube 오브젝트를 Door의 하위 자식 오
브젝트로 생성합니다. 위치는 0, 0, 1.68 크기는 0.5, 6, 3.36으로 수정합니다. 그리고 유니
티 에디터 좌측 상단에 툴 버튼 옆에 있는 버튼들이 아래의 사진과 같도록 바꿔줍니다.

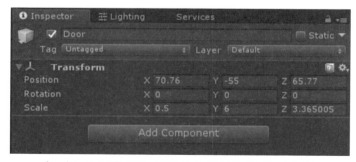

〈그림 7-31. 문을 회전시키기 위한 빈 게임 오브젝트 생성〉

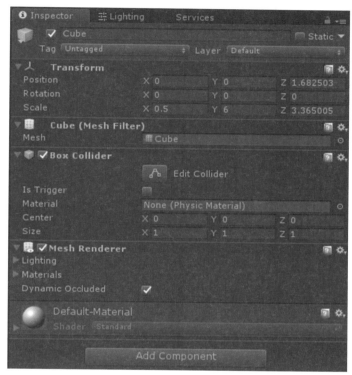

〈그림 7-32. 문이 될 정육면체 오브젝트 생성 및 크기 조절〉

〈그림 7-33. 오브젝트의 좌표 기준 변경 버튼〉

이번엔 문에 태그를 달아보겠습니다. 아까와 마찬가지로 태그의 용도는 레이캐스트가 Collider 즉 충돌체에 충돌하면 어떠한 물체인지 판별하게 해주는 용도입니다. 그렇기 때문에 충돌체 컴포넌트를 가지고 있는 오브젝트에 태그를 달아주어야 합니다. 즉 Door 오브젝트가 아닌 Cube 오브젝트에 door라는 태그를 생성해서 달아줍니다.

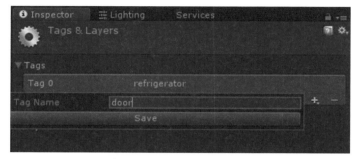

〈그림 7-34. Door 태그 추가〉

〈그림 7-35. 문 오브젝트에 door 태그 삽입〉

rayCast 스크립트를 다음과 같이 수정합니다.

```
using System.Collections;
using System.Collections.Generic;
using UnityEngine;

public class raycast : MonoBehaviour {

    public GameObject head;
    public GameObject pos1;
    public GameObject pos2;
    public GameObject door;
    bool isDoor;
    // Use this for initialization
    void Start () {

    }

    // Update is called once per frame

    void Update () {
        RaycastHit hit;
        Vector3 forward = transform.TransformDirection (Vector3.forward)*1000;
        Debug.DrawRay (transform.position, forward, Color.green);
```

```
if (Physics.Raycast (transform.position, forward, out hit);) {
    if(hit.collider.tag == "refrigerator"){
        isDoor = false;
        StartCoroutine(moveCo(pos1));
    }else if(hit.collider.tag == "door"){
        isDoor = true;
        StartCoroutine(moveCo(pos2));
    }
    Debug.Log("hit");
}
}

IEnumerator moveCo(GameObject pos){
    while (head.transform.position != pos.transform.position) {
        head.transform.position = Vector3.MoveTowards
            (head.transform.position, pos.transform.position,
             Time.deltaTime*0.5f);
        if (isDoor == true) {
            door.transform.rotation =
                Quaternion.Slerp (door.transform.rotation,
                                  Quaternion.Euler (0, 120, 0),
                                  Time.deltaTime);
        }
        yield return null;
    }
}
}
```

door 태그 인식을 추가하여 냉장고를 쳐다보았을 때와 문을 쳐다보았을 때 각각 다른 장소로 이동하게 하였습니다. 여기서 주목해야 할 부분은 40번째의 Quaternion.Slerp입니다. Quaternioin(쿼터니언)은 유니티에서 사용하는 회전의 단위입니다. 벡터로 x, y, z를 표현하듯이 쿼터니언은 x, y, z, w로 3차원 그래픽에서 회전을 행렬 대신 사용하는 표현법입니다. 연산이 빠르고 차지하는 메모리의 양도 적다는 장점이 있지만 유니티 이용자들 입장에서는 흔히 사용하는 각도계가 아니라서 헷갈리는 경우가 많습니다. 실제 각도 값을 입력할 때는 41번째 줄의 Quaternion.Euler(x, y, z)를 이용하면 되겠습니다.

저장을 하고 유니티 에디터에서 테스트를 해봅니다. 문을 바라보았을 때 문 앞으로 이동을 한다면 성공입니다. 같은 방법으로 이동 포인트를 두세 군데 더 만들어서 집 안을 돌아다닐 수 있도록 만들어봅시다. 플레이 버튼을 누르고 자신이 이동하고자 하는 오브젝트를 바라봅니다. 두세 군데 포인트를 이동하고 문이 잘 열리는지 확인합니다.

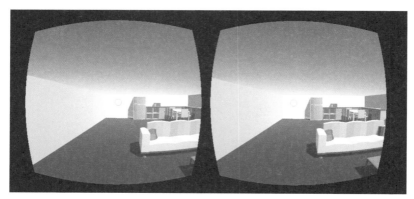

〈그림 7-36. 처음 실행시켰을 때〉

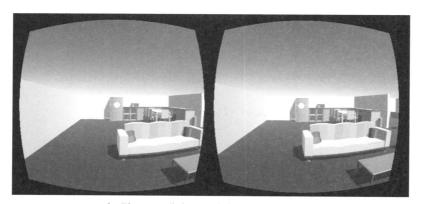

〈그림 7-37. 냉장고를 쳐다보면 앞으로 이동〉

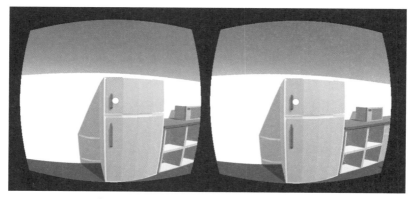

〈그림 7-38. 냉장고를 쳐다보면 앞으로 이동 2〉

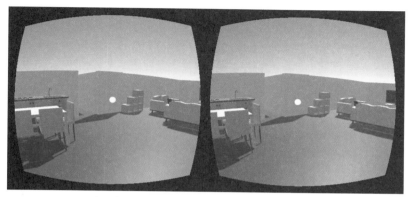
〈그림 7-39. 문을 바라보면 문이 열리면서 이동〉

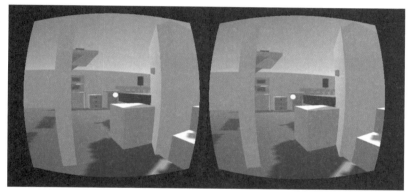
〈그림 7-40. 문을 바라보면 문이 열리면서 이동 2〉

모델하우스 콘텐츠는 이미 부동산 업계나 건축업계에서 큰 관심을 보이는 분야입니다. 본 콘텐츠처럼 방을 둘러보는 것뿐만 아니라 실제 가구를 배치하거나 가상으로 꾸며보는 등 점점 해당 분야의 콘텐츠는 발전하고 있습니다. 곧 상용화될 가상현실 모델하우스 콘텐츠들을 기대해도 좋을 것 같습니다.

버튼 터치로 메터리얼 변경하기

유니티 오브젝트들의 색이나 질감 등은 모두 Material이라는 컴포넌트에 의해서 정해집니다. 메터리얼에 따라 같은 오브젝트라도 다르게 표현될 수 있습니다. 아래 사진은 같은 Cube 오브젝트에 두 가지 다른 메터리얼을 입힌 모습입니다.

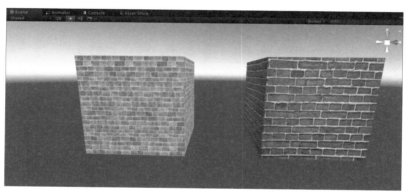

〈그림 Ex4-1. 같은 Cube 오브젝트에 각기 다른 텍스쳐를 입힌 모습〉

일단 프로젝트를 생성하고 Cube 오브젝트를 생성합니다. 프로젝트 창에서 마우스 오른쪽 클릭, Create, Material을 클릭합니다. 이름은 Mat01로 지정합니다. 다시 한번 반복해서 Mat02 메터리얼 파일을 만듭니다.

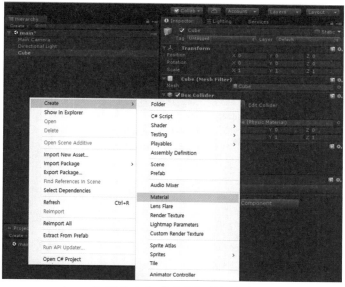

〈그림 Ex4-2. 메터리얼 파일 생성〉

인터넷에서 마음에 드는 텍스쳐 파일을 두 가지 고릅니다. Texture로 검색을 하면 등장하는 여러 종류의 텍스쳐 중 두 가지만 고르면 됩니다. 두 텍스쳐를 다운받아서 유니티 에디터 내의 프로젝트 창으로 옮겨줍니다.

〈그림 Ex4-3. 두 개의 메터리얼 파일과 텍스쳐 파일〉

프로젝트 창의 Mat01 파일을 클릭합니다. 우측 인스펙터 창에서 상단 Shader 부분을 클릭하고 Unlit, Texture를 선택합니다. Mat02 파일도 마찬가지로 Unlit, Texture로 변경합니다.

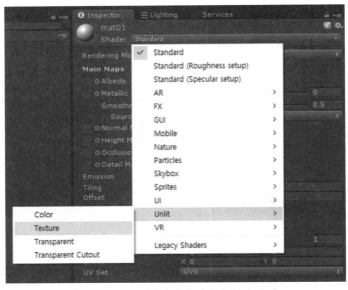

〈그림 Ex4-4. 메터리얼의 쉐이더 설정 변경〉

텍스쳐 이미지 파일을 메터리얼에 연결시킬 것입니다. 메터리얼 파일을 선택한 상태에서 텍스쳐 파일을 드래그해서 우측 None(Texture)로 올려줍니다. Mat02 파일에는 두 번째 텍스쳐 파일을 집어넣어주세요.

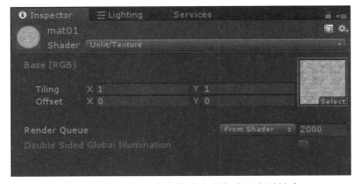

〈그림 Ex4-5. 메터리얼의 쉐이더에 텍스쳐 삽입 1〉

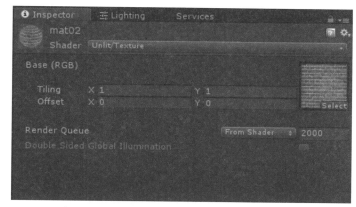
〈그림 Ex4-6. 메터리얼의 쉐이더에 텍스쳐 삽입 2〉

이제 처음에 생성한 Cube 오브젝트에 메터리얼을 씌워보겠습니다. Mat01 파일을 드래그해서 Cube 위에서 놓아줍니다.

〈그림 Ex4-7. Cube 오브젝트에 메터리얼 씌우기〉

그러면 Cube가 해당 메터리얼을 가지게 됩니다.

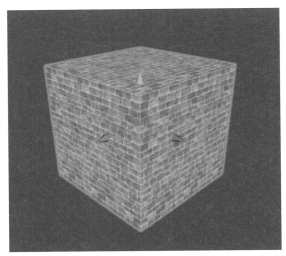

〈그림 Ex4-8. Cube 오브젝트에 메터리얼이 씌워진 상태〉

계층 구조 창에서 마우스 우클릭, UI, Button을 눌러 버튼을 생성합니다.

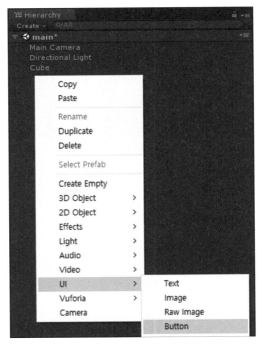

〈그림 Ex4-9. 버튼 생성〉

Canvas 하위에 생성된 Button 오브젝트를 선택하고 화면의 좌측으로 위치시킵니다. Pos X 를 −300, Pos Y를 0, Pos Z도 0으로 수정합니다.

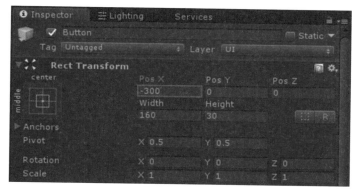
〈그림 Ex4-10. Canvas의 위치 설정〉

Cube의 위치도 게임 창에서 잘 보이도록 수정해봅시다.

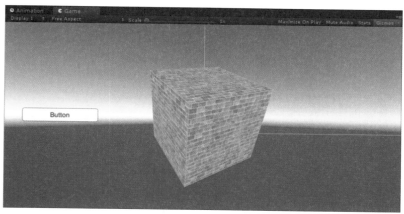
〈그림 Ex4-11. 게임 창에서의 버튼 및 오브젝트의 위치〉

기본 세팅은 이제 끝이 났습니다. 이제 스크립트를 통해 저 버튼을 누르면 다른 텍스쳐로 바 뀌도록 해보겠습니다. matChange라는 이름을 가진 스크립트를 생성해주세요. 그리고 다음 과 같이 작성합니다.

```
using System.Collections;
using System.Collections.Generic;
using UnityEngine;

public class matChange : MonoBehaviour {

    public Material mat01; ❶
    public Material mat02; ❶
    bool isMat;

    public void togMat(){
        if (!isMat) {
            gameObject.GetComponent<Renderer> ().material = mat02; ❷
            isMat = true;
        } else {
            gameObject.GetComponent<Renderer> ().material = mat01; ❷
            isMat = false;
        }
    }
}
```

❶에서는 프로젝트 창에 만든 메터리얼 파일을 연결해줄 메터리얼을 선언하였습니다.

❷는 본 스크립트가 삽입된 오브젝트의 메터리얼에 접근하여 반대 메터리얼로 바꾸어주는 역할을 합니다.

빨간색 박스 안은 현재 오브젝트에 씌워진 메터리얼이 mat01이면 mat02로 또는 mat02면 mat01로 변경하는 함수입니다. 버튼 컴포넌트에 본 함수를 등록해서 사용하도록 할 것입니다.

스크립트를 저장하고 cube 오브젝트에 삽입합니다. Mat Change (Script) 컴포넌트에 Mat 01 변수 항목에는 프로젝트 창에 있는 mat01 메터리얼을, Mat 02 변수 항목에는 프로젝트 창에 있는 mat02 메터리얼을 각각 집어넣어줍니다.

〈그림 Ex4-12. 스크립트 컴포넌트의 변수 항목에 해당 메터리얼 파일 연결〉

이제 버튼을 설정할 차례입니다. Button 오브젝트를 선택합니다. 우측 인스펙터 창 Button (Script) 컴포넌트 하단의 On Click ( ) 이벤트 항목에 Cube 오브젝트를 연결해주세요. 계층 구조 창에 있는 Cube 오브젝트를 드래그해서 On Click( ) 항목 안에 있는 None (Object)에 끌어오면 됩니다.

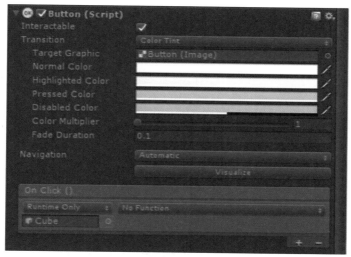

〈그림 Ex4-13. 버튼 컴포넌트에 Cube 오브젝트 연결〉

오브젝트가 성공적으로 들어가게 된다면 우측 드롭다운 항목이 활성화가 됩니다. 드롭다운 항목을 클릭해서 아까 만든 스크립트 이름, 즉 matChange 항목을 선택합니다. 그리고 나타나는 함수들 중 우리가 스크립트 내에서 짠 togMat( ) 함수를 찾아 클릭합니다. 본 과정은 버튼에 함수를 연결하여 버튼을 클릭하였을 때 해당 함수를 불러오는 역할을 합니다.

〈그림 Ex4-14. 버튼이 눌리면 실행시킬 함수 설정〉

버튼의 텍스트도 바꿔줍니다. Button 오브젝트의 하위에 있는 Text 오브젝트를 선택합니다. 우측 인스펙터 창에 Text (Script) 컴포넌트에 있는 텍스트를 Material Change로 변경해봅니다.

〈그림 Ex4-15. 버튼의 이름 변경〉

유니티 상단의 플레이 버튼을 눌러 테스트를 해봅니다. Material Change 버튼을 눌렀을 때 정육면체의 질감이 변하는지 확인해봅니다.

〈그림 Ex4-16. 버튼을 클릭하기 전〉

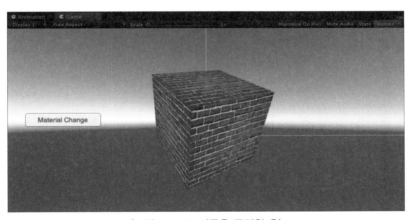

〈그림 Ex4-17. 버튼을 클릭한 후〉

본 예제를 이용해서 유니티 오브젝트들의 질감과 텍스쳐를 변경하는 방법을 배워보았습니다. 특히 인테리어 업계에서 실내를 표현할 때 벽지나 색감을 미리 체험해보고 싶은 경우가 굉장히 많은데 본 콘텐츠를 응용한다면 많은 도움이 되리라 생각됩니다.

유니티 3D로 VR/AR 모바일 앱 만들기

가상현실 프로젝트 2 : 우주 전투 게임 만들기

1. 뷰포리아를 이용한 가상현실 개발 세팅

이번 프로젝트에서는 가상현실 속에서 바라보는 방향대로 이동하는 컨셉을 가진 가상현실 게임을 만들어 보겠습니다. 이전 프로젝트에서 말씀드린 것과 마찬가지로 모바일 기반의 가상현실 콘텐츠들은 컨트롤러의 부재로 인해 조작이 힘듭니다. 특히 HMD를 착용하고 있을 때는 블루투스 컨트롤러가 아니라면 게임 내 캐릭터 조작이 불가능합니다. 그래서 종종 캐릭터의 이동이나 방향 전환을 플레이어가 바라보는 방향에 따라 조작하는 방법을 사용하기도 합니다.

이전 프로젝트와 마찬가지로 새 프로젝트를 생성하고 뷰포리아 세팅까지 완료합니다. ARCamera를 생성한 후 뷰포리아 설정창에서 뷰어 모드 변환까지 완료시켜주세요. 모든 세팅을 완료하면 아래와 같을 것입니다. Head라는 빈 게임 오브젝트를 생성해서 ARCamera를 그 아래에 두는 것도 잊지 마세요.

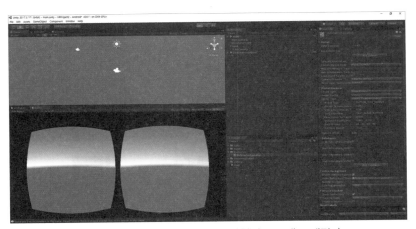

〈그림 8-1. 뷰포리아를 이용한 가상현실 프로젝트 세팅 1〉

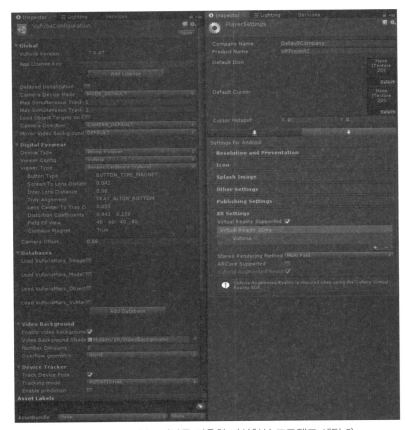

〈그림 8-2, 8-3. 뷰포리아를 이용한 가상현실 프로젝트 세팅 2〉

2. Skybox로 배경화면 설정

이번 콘텐츠의 배경은 우주입니다. 따라서 배경화면을 우주로 바꾸어줘야 합니다. 에셋 스토어에 들어가서 skybox라고 검색합니다. 무료 에셋들 중에 Milky Way Skybox라는 에셋을 다운받습니다.

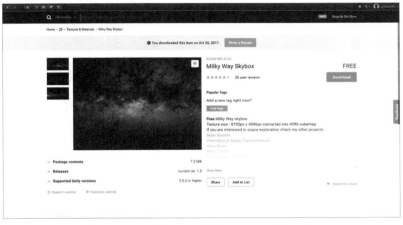

〈그림 8-4. 에셋 스토어에서 Skybox 다운로드〉

다운을 다 받으면 프로젝트 창에 MilkyWay라는 폴더가 생깁니다. 그 안에 Material 폴더에 있는 MilkyWay 파일을 찾아봅니다.

〈그림 8-5. 스카이박스 메터리얼의 위치〉

파일의 아이콘 모양이 동그란 구 모양입니다. 이 아이콘을 가진 파일을 메터리얼(Material)이라고 부릅니다. 메터리얼은 쉽게 얘기하면 오브젝트의 재질 속성을 수정할 수 있는 클래스입니다. 다음 기회에 오브젝트의 색상을 바꿔보도록 하고 지금은 window 탭에서 Lighting, Setting에 들어갑니다.

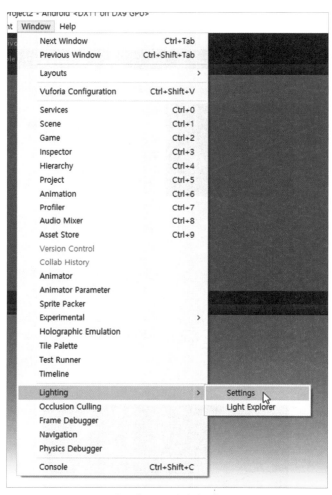

〈그림 8–6. 라이팅 탭〉

그러면 Lighting이라는 이름을 가진 창이 생성이 됩니다. 라이팅 창의 맨 윗단 Skybox Material 부분에 아까 메터리얼 파일을 드래그해서 옮겨줍니다. 그러면 아래와 같이 씬 창과 게임 창의 배경이 변한 것을 확인할 수 있습니다.

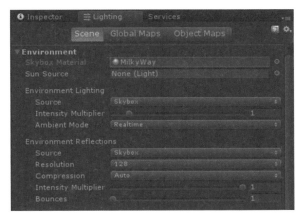

〈그림 8-7. 라이팅 탭의 Skybox Material 항목에 스카이박스 메터리얼 연결〉

〈그림 8-8. 스카이박스가 적용된 상태〉

3. 가상현실 월드에 오브젝트 배치

에셋 스토어에서 우주선을 찾아서 배치해봅시다. Spaceship을 검색하고 Star Sparrow Modular Spaceship을 찾아 다운로드 받아주세요.

〈그림 8-9. 비행선 에셋 다운로드〉

임포트가 완료되었으면 프로젝트 창에 StarSparrow라는 폴더가 생성이 되었을 것입니다. 그 안에 Prefabs 폴더에 들어가서 StarSparrow1 프리팹을 ARCamera 오브젝트의 자식 오브젝트로 끌어와주세요. StarSparrow1 프리팹의 위치는 0, -1.5, 5로 수정해주세요.

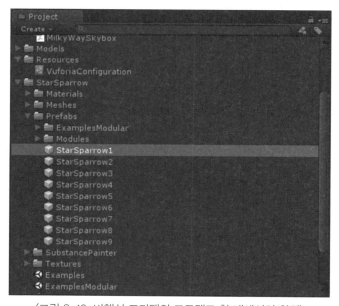

〈그림 8-10. 비행선 프리팹의 프로젝트 창 내에서의 위치〉

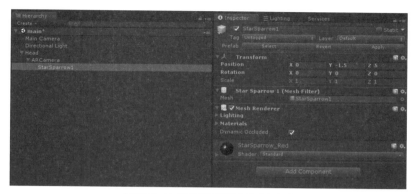

〈그림 8-11. 비행선 프리팹의 위치값〉

플레이를 눌러서 테스트를 해보면 좌우로 시점을 옮길 때 비행선도 같이 이동이 되는 것을 확인할 수 있습니다.

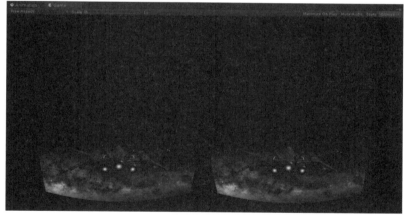

〈그림 8-12. 시선을 바라보는 방향으로 이동하는 비행선〉

이제 비행선을 앞으로 이동을 시켜보겠습니다. ship이라는 이름을 가진 스크립트를 하나 생성하고 아래와 같이 작성해주세요.

```
using System.Collections;
using System.Collections.Generic;
using UnityEngine;

public class ship : MonoBehaviour {

    public GameObject head;
    public GameObject ARCam;
    // Use this for initialization
    void Start () {

    }

    // Update is called once per frame
    void Update () {
        movement ();//함수의 호출
    }

    void movement(){//함수의 선언
        //head를 ARCam의 방향으로 이동
        head.transform.Translate (ARCam.transform.forward * 0.3f);
    }
}
```

Head 오브젝트와 ARCam 오브젝트를 넣어줄 변수를 선언하였고 이동 로직을 수행할 movement 함수를 선언하여 Update문에 호출하였습니다. Translate 메소드를 이용해 head 를 앞으로 전진하도록 하였고 방향은 ARCam이 바라보는 앞방향(forward)로 정했습니다.

위 스크립트를 Head 게임 오브젝트에 컴포넌트로서 삽입하고 변수란에 아래와 같이 각각 Head와 ARCamera 오브젝트를 넣어줍니다.

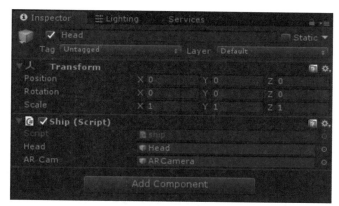

〈그림 8-13. Head 오브젝트와 연결된 Ship 스크립트〉

상단 플레이 버튼을 눌러 테스트를 해봅니다. 게임 창에서는 기준이 될 만한 물체들이 없어서 확인이 힘들 테니 씬 창에서 Head가 움직이는지 확인합니다.

이번엔 좌우로 시선을 움직였을 때 움직인 방향으로 비행선을 기울여보도록 하겠습니다. 스크립트를 다음과 같이 수정합니다.

```
using System.Collections;
using System.Collections.Generic;
using UnityEngine;

public class ship : MonoBehaviour {
    public GameObject head;
    public GameObject ARCam;
    public GameObject spaceship;
    float currot;
    float prevrot;
    float deltrot;
    // Use this for initialization
    void Start () {

    }

    // Update is called once per frame
    void Update () {
```

```
        movement ();//함수의 호출
    }

void movement(){//함수의 선언
    //head를 ARCam의 방향으로 이동
    head.transform.Translate (ARCam.transform.forward * 0.3f);
    currRot = ARCam.transform.eulerAngles.y;
    deltrot = currot - prevrot;
    prevrot = currot;
    if (deltrot < 0) {
        spaceship.transform.rotation =
            Quaternion.Lerp (       spaceship.transform.rotation,
            Quaternion.Euler(spaceship.transform.eulerAngles.x,
                spaceship.transform.eulerAngles.y,45),
            Time.deltaTime);
    }
    else if (deltrot > 0) {
        spaceship.transform.rotation =
            Quaternion.Lerp (       spaceship.transform.rotation,
            Quaternion.Euler(spaceship.transform.eulerAngles.x,
                spaceship.transform.eulerAngles.y,-45),
            Time.deltaTime);
    }
    else {
        spaceship.transform.rotation =
            Quaternion.Lerp (       spaceship.transform.rotation,
            Quaternion.Euler(spaceship.transform.eulerAngles.x,
                spaceship.transform.eulerAngles.y,0),
            Time.deltaTime);
    }
    }
}
```

Spaceship이라는 퍼블릭 변수를 추가하였고, 회전에 관련된 변수 세 개를 추가하였습니다. Quaternion.Slerp을 이용해 현재 각도에서 목표 각도까지 변화를 점진적으로 나타내주었고, Quaternion.Euler는 우리가 평소에 사용하는 360도계 각도를 이용하게 해줍니다.

수정을 완료하였으면 Head의 컴포넌트로 달려있는 ship 스크립트에 추가된 Spaceship StarSparrow1을 드래그하여 넣어줍니다.

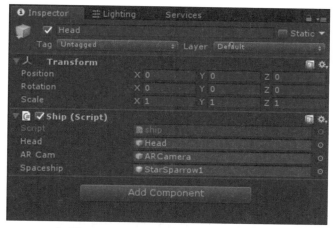

〈그림 8-14. Ship 스크립트에 추가된 변수 항목〉

테스트를 해보면 좌우를 바라보는 시점에 따라 앞의 비행선이 기울어지는 것을 확인할 수 있습니다.

비행선이 날아가는 것을 확인했으니 이제 우주 속 소행성을 배치해봅시다. 다시 에셋 스토어에 들어가서 이번엔 Asteroid를 검색합니다. Space Shooter Asteroids를 찾아 프로젝트에 임포트시킵니다.

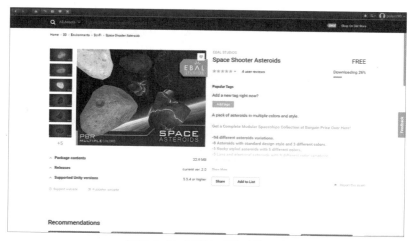

〈그림 8-15. 소행성 에셋 다운로드〉

임포트가 완료되면 프로젝트창의 Asteroids라는 폴더에서 Prefab 안에 있는 소행성들 중 하나를 계층 구조 창으로 끌어다가 놓습니다. 저는 AsteroidLava에 있는 붉은색 돌을 놓겠습니다. 위치는 시선의 눈 앞에 0,0,26 정도에 놓겠습니다. 이제 눈앞에 놓은 소행성들을 우리 비행선이 부딪쳐서 파괴하는 콘텐츠를 만들어보겠습니다. 유니티 내에서 오브젝트끼리의 인터랙션을 충돌(Collision)이라고 부릅니다. 레이캐스트를 할 때 잠깐 만겼던 Box Collider 등의 충돌체들도 물체들이 충돌하기 위해서 필요한 요소입니다. 이번엔 조금 더 심화된 충돌을 구현해보겠습니다. 방금 생성한 Asteroid 오브젝트에 Sphere Collider 컴포넌트를 추가합니다.

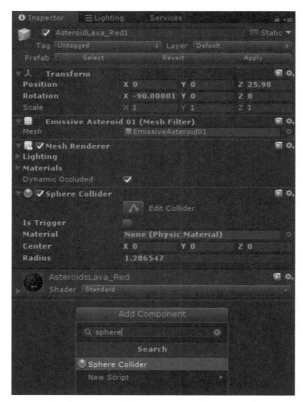

〈그림 8-16. 소행성 프리팹에 구 충돌체 추가〉

물론 우리의 비행선(StarSparrow1) 오브젝트에도 충돌체가 필요합니다. 이번엔 Capsule Collider 를 추가합니다.

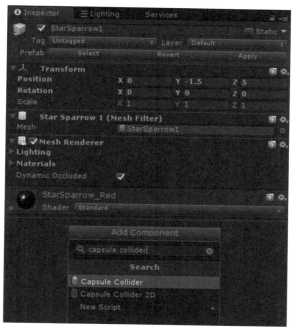

〈그림 8-17. 우주선 오브젝트에 캡슐 충돌체 추가〉

Capsule Collider는 알약 즉 캡슐 모양의 충돌체입니다. Capsule Collider의 크기를 조금 수정해보겠습니다. Capsule Collider 컴포넌트의 항목 들에는 충돌체의 너비를 나타내는 Radius, 높이를 나타내는 Height, 캡슐의 길이 방향을 나타내는 Direction이 있습니다. 본 항목들을 아래와 같이 바꾸어줍니다.

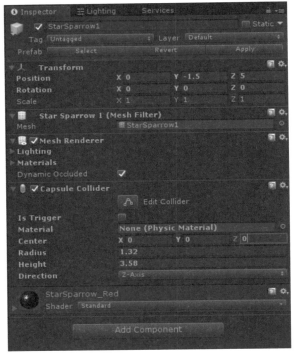

〈그림 8-18. 충돌체의 크기 및 방향, 위치 변경〉

4. 오브젝트끼리의 충돌

하지만 레이캐스트와는 다르게 물체 간의 충돌을 인식시키기 위해서는 Rigidbody(강체)라는
한 가지 컴포넌트가 더 필요합니다. Rigidbody 컴포넌트는 물리 시뮬레이션을 통한 오브젝트
위치를 조절할 수 있습니다. 쉽게 말하면 Rigidbody가 추가된 오브젝트에는 중력이나 힘 등
의 물리력을 행사할 수 있습니다. Starsparrow1 오브젝트에 Rigidbody 컴포넌트를 추가하고
Use Gravity 항목에 체크를 해제합니다.

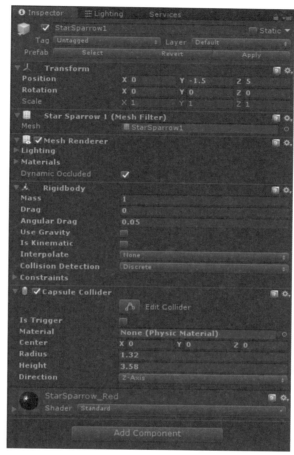

〈그림 8-19. 비행선 오브젝트에 Rigidbody(강체) 컴포넌트 추가〉

이 상태에서 플레이를 한 후 소행성에 부딪히게 되면 아마 비행선이 튕겨져 나가게 될 것입니다. 이제 스크립트로 서로가 충돌을 하게 되면 소행성이 파괴되어 사라지게 해봅시다. 먼저 asteroid라는 스크립트를 생성해서 아래와 같이 코드를 작성합니다.

```
using System.Collections;
using System.Collections.Generic;
using UnityEngine;

public class asteroid : MonoBehaviour {

    // Use this for initialization
    void Start () {

    }

    // Update is called once per frame
    void OnTriggerEnter(Collider other){
        StartCoroutine (crash());
    }

    IEnumerator crash(){
        Destroy (this.gameObject);
        yield return new WaitForSeconds (1.0f);
    }
}
```

충돌의 종류에는 Collision과 Trigger 두 가지가 있습니다. Collision은 충돌하는 물체들끼리 물리적 힘이 작용해야 할 때 이용합니다. 예를 들어 벽에 부딪혀서 앞으로 나아가지 못하거나 차에 치여 날아가는 것을 구현해야 한다면 Collision을 이용합니다. Trigger는 서로 힘을 주고받지 않으면서 충돌을 감지해야 할 때 이용합니다. 예를 들어 마리오 게임에서 별을 먹었을 때 무적이 된 상태를 생각하시면 편합니다. 몬스터들과의 충돌을 감지하기는 하지만 서로 힘을 주고받지 않고 지나갑니다.

Collision의 경우 OnCollisionEnter, OnCollisionStay, OnCollisionExit 세 가지 이벤트 함수들이 있습니다. 각각 충돌 시, 충돌 중, 충돌이 끝났을 때 호출이 됩니다. Trigger도 마찬가지로 OnTriggerEnterm OnTriggerStay, OnTriggerExit 세 가지 이벤트 함수들이 있으며 하는 역할은 동일합니다. 여기서는 OnTriggerEnter를 이용해서 콘텐츠를 만들어보겠습니다.

위 스크립트를 작성하고 Asteroid 오브젝트에 추가해줍니다. 그리고 Asteroid 오브젝트의 Sphere Collider 충돌체 컴포넌트에 있는 Is Trigger 항목에 체크를 합니다.

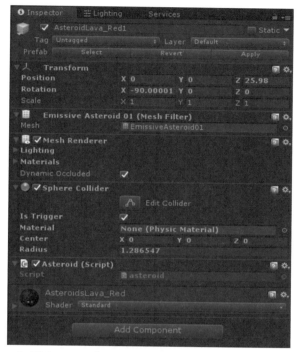

〈그림 8-20. 구 충돌체 컴포넌트의 Is Trigger 항목 체크〉

Trigger 이벤트 함수를 이용하기 위해서는 해당 충돌체의 Is Triger 항목에 체크를 해주어야
사용할 수 있습니다. 수정이 끝났다면 플레이를 눌러 비행선과 소행선을 충돌시켜봅니다. 소
행성이 사라지는 것을 확인할 수 있습니다.

이제 여기에 폭발하는 이펙트를 넣어볼 것입니다. Asset 탭에서 Import Package,
ParticleSystems를 클릭하여 임포트합니다.

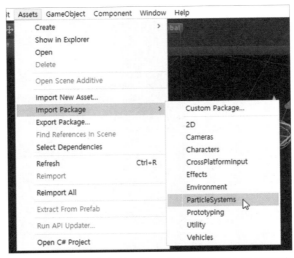

〈그림 8-21. 유니티가 제공하는 기본 파티클 시스템 패키지〉

〈그림 8-22. 파티클 시스템 패키지 임포트〉

AR 첫 번째 프로젝트에서 파티클 시스템으로 눈을 뿌려보았습니다. 그 외에도 여러 가지 자연 현상들을 파티클 시스템으로 구현이 가능한데 자주 쓰이는 요소들을 유니티에서 기본에셋(Standard Asset)으로 지정해서 쉽게 사용할 수 있도록 해놓았습니다. 임포트를 완료하면 프로젝트 창에 Standard Assets라는 폴더가 생성되었을 것입니다. 해당 폴더 안에 ParticleSystems에 있는 Prefabs 폴더에 들어가서 ExplosionMobile 프리팹을 찾습니다. 프리팹을 드래그해서 Asteroid 오브젝트의 하위 오브젝트로 끌어옵니다. 프리팹의 위치를 원점, 즉 0, 0, 0으로 이동시키는 걸 잊지 마세요.

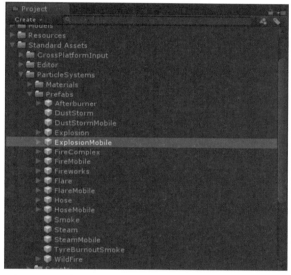

〈그림 8-23. 폭발 파티클 시스템(ExplosionMobile) 프리팹의 위치〉

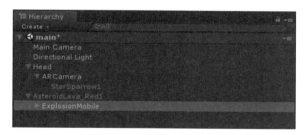

〈그림 8-24. 계층 구조 창에서의 폭발 파티클 프리팹〉

하지만 이 상태로 플레이버튼을 누르자 마자 폭발 애니메이션이 진행될 것입니다. ExplosionMobile 오브젝트를 선택하고 우측 인스펙터 상단의 이름 옆에 있는 체크를 해제 시킵니다. 체크를 해제하면 해당 오브젝트가 비활성화됩니다. 오브젝트는 씬 안에 존재하나 활동을 안 한다는 뜻입니다. 그리고 나서 우리는 비행선과 소행성이 충돌했을 때 ExplosionMobile을 다시 켜서 폭발을 시킬 것입니다. Asteroid 스크립트를 열어 수정을 해줍니다.

```
using System.Collections;
using System.Collections.Generic;
using UnityEngine;

public class asteroid : MonoBehaviour {

    public GameObject explosion;
    // Use this for initialization
    void Start () {

    }

    // Update is called once per frame
    void OnTriggerEnter(Collider other){
        StartCoroutine (crash());
    }

    IEnumerator crash(){
        explosion.SetActive (true);
        yield return new WaitForSeconds (1.0f);
        Destroy (this.gameObject);
    }
}
```

주목해야 할 점은 explosion 퍼블릭 변수를 추가하였고 Destroy(this.gameObject);가 yield return문 다음에 작성되었다는 것입니다. 이유는 만약 그 이전에 작성이 되었다면 폭발이 일어나기도 전에 오브젝트가 삭제되어 폭발 애니메이션을 볼 수 없게 되기 때문입니다. 그래서 WaitForSeconds를 사용해 1초의 시간을 준 것입니다. SetActive 메소드는 그 다음 괄호에 들어갈 참 또는 거짓의 값에 따라 오브젝트를 활성화시키거나 비활성화시킬 수 있습니다. 저장한 후 Asteroid 오브젝트에 달린 asteroid 스크립트 컴포넌트의 Explosion 변수란에 ExplosionMobile 오브젝트를 끌어다가 놓습니다.

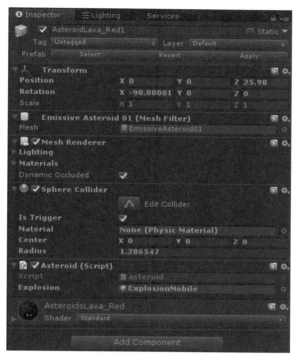

〈그림 8-25. 소행성 오브젝트에 연결된 Asteroid 스크립트 변수항목 설정〉

이 상태로 테스트를 하게 되면 성공적으로 폭발이 일어날 것입니다. 하지만 두 가지 문제점이 다시 생깁니다. 첫 번째는 폭발의 힘 때문에 비행선이 반대편으로 날아가 버립니다. 이는 비행선에 강체가 포함되어 있기 때문입니다. 두 번째는 소행성이 1초 후에 사라진다는 점입니다. 먼저 첫 번째 문제점은 비행선의 강체 컴포넌트 안에 있는 Is Kinematic 항목에 체크를 해주는 것으로 해결할 수 있습니다. Is Kinematic 항목에 체크가 되어 있는 물체에는 힘이나 충돌의 영향을 받지 않습니다.

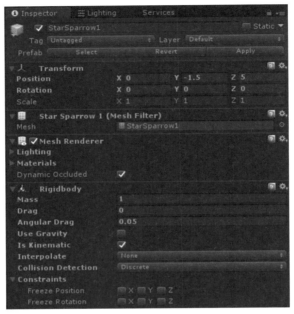

〈그림 8-26. 강체 컴포넌트의 Is Kinematic 항목 체크〉

두 번째 문제점은 다음과 같은 코드를 추가하는 것으로 해결할 수 있습니다.

```
using System.Collections;
using System.Collections.Generic;
using UnityEngine;

public class asteroid : MonoBehaviour {

    public GameObject explosion;
    // Use this for initialization
    void Start () {

    }

    // Update is called once per frame
    void OnTriggerEnter(Collider other){
        StartCoroutine (crash());
    }
```

```
IEnumerator crash(){
    this.gameObject.GetComponent<MeshRenderer> ().enabled = false;
    explosion.SetActive (true);
    yield return new WaitForSeconds (1.0f);
    Destroy (this.gameObject);
  }
}
```

this.gameObject.GetComponent⟨MeshRenderer⟩ ().enabled = false;를 이용하면 오브젝트
의 컴포넌트에 접근하는 것이 가능합니다. 위 경우엔 Mesh Renderer라는 컴포넌트에 접근
하여 비활성화한 것입니다. 잘 확인해보면 asteroid 오브젝트에는 Mesh Renderer라는 컴포
넌트가 있고 이를 활성화, 비활성화를 해보면 오브젝트가 보였다 안보였다 하는 것을 확인할
수 있습니다. Mesh Renderer라는 것은 우리 눈에 보이는 텍스쳐를 렌더링해주는 역할을 합
니다. 따라서 이 컴포넌트를 비활성화시킨다면 우리의 눈에는 보이지 않습니다. 하지만 오브
젝트 자체는 살아있기 때문에 완전히 사라진 것은 아니니 필요할 때만 사용해야 합니다.

⟨그림 8-27. MeshRenderer 컴포넌트⟩

5. 사운드 소스 추가하기

이후에 비행선과 소행성을 충돌시켜 보면 자연스럽게 터지는 것을 확인할 수 있습니다.

하지만 이 상태로는 조금 아쉽습니다. 폭발을 조금 더 사실적으로 만들어줄 사운드를 추가해
보도록 하겠습니다. http://soundbible.com으로 접속하여 검색란에 explosion을 검색합니다.

〈그림 8-28. 사운드 바이블 홈페이지〉

본 홈페이지에는 여러 가지 다양한 사운드 소스들이 있습니다. 상업적 용도가 아니라면 무료
로 사용할 수 있습니다. 검색을 하면 나오는 사운드 소스들 중에서 blast를 찾아 다운로드 받
습니다. 다운받은 해당 사운드 소스 파일을 프로젝트 창에 끌어놓습니다.

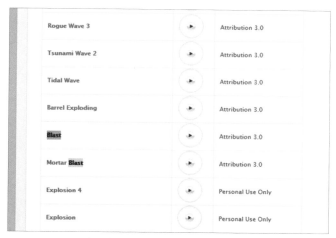

〈그림 8-29. 폭발 사운드 다운로드〉

〈그림 8-30. 프로젝트로 폭발 사운드 임포트〉

먼저 소리를 발생시키기 위해서는 어떤 오브젝트가 소리를 내는지를 정해야 합니다. 이 경우에는 소행성 오브젝트가 터지면서 내는 소리이기 때문에 asteroid 오브젝트에서 내는 것으로 정하겠습니다. 그렇다면 소리가 나는 오브젝트에 Audio Source라는 컴포넌트를 추가해야 합니다. Asteroid 오브젝트를 선택하고 인스펙터 창에서 Add Component, Audio Source를 검색하고 추가합니다. 그리고 asteroid 스크립트를 수정합니다.

```
using System.Collections;
using System.Collections.Generic;
using UnityEngine;

public class asteroid : MonoBehaviour {

    public GameObject explosion;
    public AudioClip expSnd;
    // Use this for initialization
    void Start () {

    }

    // Update is called once per frame
    void OnTriggerEnter(Collider other){
        StartCoroutine (crash());
    }

    IEnumerator crash(){
        this.gameObject.GetComponent<MeshRenderer> ().enabled = false;
        this.gameObject.GetComponent<AudioSource> ().PlayOneShot (expSnd);
        explosion.SetActive (true);
        yield return new WaitForSeconds (1.0f);
        Destroy (this.gameObject);
    }
}
```

expSnd라는 오디오 클립 변수를 추가하였고, GetComponent로 방금 추가한 audio source 컴포넌트에 접근하였습니다. 이번엔 PlayOneShot 을 이용하여 expSnd를 한 번 플레이하게 만들었습니다.

저장을 하고 나면 asteroid 스크립트 컴포넌트에 Exp Snd라는 변수란이 생길 텐데 여기에 아까 다운로드 받은 Blast 오디오 소스를 드래그해서 끌어놓으면 되겠습니다.

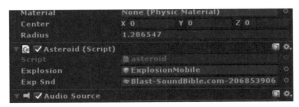

〈그림 8-31. Exp Snd 변수 항목에 오디오 클립 삽입〉

196

6. 무작위로 오브젝트 생성하기

이 상태에서 asteroid 오브젝트를 여러 개 배치하여 스테이지를 만들면 하나의 게임이 될 것입니다. 하지만 소행성을 정해진 장소에 배치를 시키는 것이 아니라 임의의 장소에 생성을 시키는 방법도 있습니다. 이번엔 소행성을 비행선이 바라보는 방향으로 주기적으로 생성시켜보겠습니다.

먼저 spawn이라는 빈 게임 오브젝트를 생성합니다. spawn 오브젝트는 ARCamera의 자식 오브젝트로 끌어서 놓고 0, 0, 20에 위치시킵니다. 이 spawn 오브젝트의 일정한 반경 안에 소행성을 생성시킬 것입니다.

〈그림 8–32. 무작위로 오브젝트를 생성시키기 위한 포인트〉

다음으로 spawn이라는 이름의 스크립트를 생성합니다. 그리고 다음과 같이 작성합니다.

```
using System.Collections;
using System.Collections.Generic;
using UnityEngine;

public class spawn : MonoBehaviour {

    public GameObject spawnPoint;
    public GameObject asteroid;
    // Use this for initialization
    void Start () {
        StartCoroutine ();
    }
```

```
// Update is called once per frame
void Update () {

}

IEnumerator spawnCube(){

    while (true) {
        yield return new WaitForSeconds (2.0f);

        Vector3 pos = spawnPoint.transform.position +
                    new Vector3 (Random.Range (-4, 4), Random.Range (-4, 4),
                    Random.Range (-4, 4));
        Instantiate (asteroid, pos, Quaternion.identity);
    }
}
}
```

spawnPoint 변수는 spawn 오브젝트가 될 것이고 spawn 오브젝트를 중심으로 크기가 8, 8, 8인 정육면체 공간 안에 무작위로 소행성을 생성시킵니다. Random.Range(−4, 4) 는 −4 부터 4까지 무작위 수를 생성하는 함수입니다. Instantiate 함수는 오브젝트를 생성시키는데 여기서는 첫 번째 인자인 asteroid를. 복제하여 두 번째 인자인 pos에 생성시킵니다. Pos는 아까 무작위로 만든 소행성 생성 위치입니다. 이 과정을 2초에 한번씩 반복하여 2초에 한 번씩 소행성을 생성시키도록 하였습니다.

스크립트를 모두 작성하였으면 유니티 에디터로 돌아가서 spawn 스크립트를 spawn 오브젝트에 연결시킵니다. 그리고 spawn point 변수에 spawn 오브젝트를, Asteroid 변수에 Asteroid를 드래그하여 연결시킵니다.

Asteroid 오브젝트를 연결시키는 방법은 여러 가지가 있습니다. 조금 전 계층 구조 창에 미리 만들어 놓았던 소행성 오브젝트를 연결시켜도 상관이 없습니다. 하지만 이 경우에는 Instantiate 함수가 발동이 될 때 계층 구조 창에 존재하는, 즉 현재 게임에 존재하는 Asteroid 오브젝트를 복제하여 생성하게 됩니다. 만약에 원본 Asteroid 오브젝트가 어떤 이유로 게임에서 제거가 된다면 그 이후로는 복제가 되질 않습니다. 이 경우를 예방하는 방법은 두 가지가 있습니다. 원본 오브젝트의 위치를 플레이어가 절대 도달하지 못할 장소로 이동시켜 놓거나 원본 오브젝트를 프리팹화를 시켜서 프로젝트창에 있는 오브젝트를 연결시키는 것입니다.

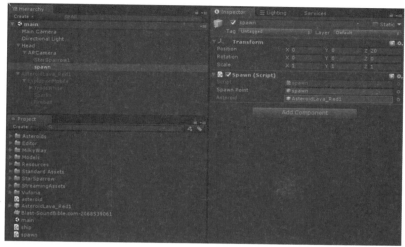

〈그림 8-33. Spawn 스크립트의 Asteroid 변수 항목에 오브젝트 삽입〉

위 경우는 원본 Asteroid 오브젝트를 프로젝트 창으로 드래그해서 프리팹화를 시킨 후 그 프리팹을 스크립트에 연결시킨 모습입니다. 그리고 원본 Asteroid 오브젝트는 비활성화를 시켰습니다.(제거하셔도 상관 없습니다)

이후 테스트를 하면 눈 앞에 무작위로 생성되는 소행성들을 볼 수 있습니다.

〈그림 8-34. 비행체와 소행성의 충돌 및 폭발〉

7. 다수의 씬을 운용하기

이제 메뉴를 만들어보겠습니다. 콘텐츠가 가상현실 콘텐츠인 만큼 메뉴도 가상현실로 만들어 보겠습니다. 현재까지는 한 개의 씬으로 구성된 콘텐츠를 만들었습니다. 하지만 스테이지가 많아지거나 메뉴가 존재해야 한다면 용도에 따라 여러 개의 씬으로 나누는 것이 좋습니다.

프로젝트 창에서 마우스 오른쪽 클릭을 하고 Create, Scene을 선택합니다. 이름은 menu로 짓겠습니다.

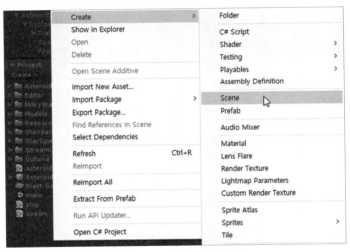

〈그림 8-35. 새로운 씬 생성〉

씬을 생성하게 되면 프로젝트 창에 아래와 같이 유니티 아이콘 모양을 가진 파일이 생성됩니다. Ctrl + S를 눌러서 현재 씬을 저장하고 menu 씬을 더블클릭해서 새 씬을 열어봅니다. 그러면 프로젝트를 새로 만들었을 때와 같이 기본 세팅이 된 씬이 나타납니다.

〈그림 8-36. 프로젝트창에 새로 생긴 menu 씬〉

메뉴 씬에서도 마찬가지로 ARCamera를 추가하고 Skybox를 우주로 바꿔주겠습니다.
ARCamera의 컴포넌트 옵션들을 아래와 같이 바꿔주는 것을 잊지 마세요.

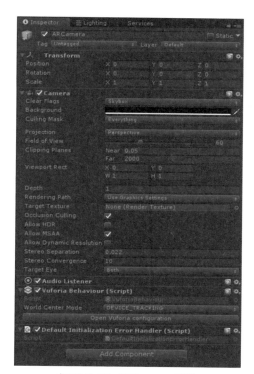

〈그림 8-37. ARCamera 세팅〉

메뉴를 꾸며보도록 하겠습니다. 카메라 앞에 비행선 한 대와 메뉴 버튼들을 배치시킵니다. 비행선은 StarSparrow1을 이용하겠습니다.

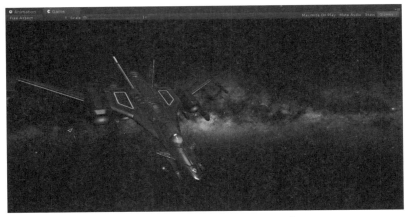

〈그림 8-38. 카메라 앞에 비행선 배치〉

버튼은 계층 구조 창에서 마우스 오른쪽 클릭, UI, Button을 누릅니다. Canvas 오브젝트의 Canvas 컴포넌트에 있는 Render Mode를 World Space로 변경하고 카메라 앞으로 버튼이 보이도록 위치시킵니다. 쉽게 하는 방법은 Canvas 오브젝트의 위치값과 Button의 위치값을 모두 원점으로, 0, 0, 0으로 수정한 뒤 이동시키는 것입니다. Canvas와 Button의 transform 값은 각각 다음과 같습니다.

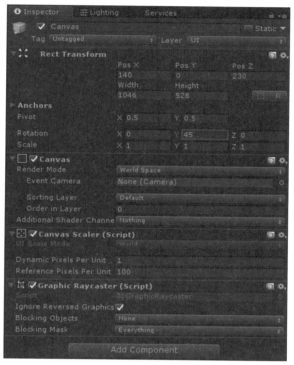

〈그림 8-39. 버튼 생성 및 캔버스 위치 조정〉

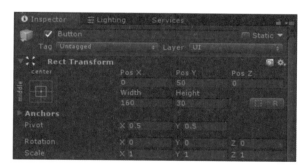

〈그림 8-40. 버튼의 크기 및 위치 조정〉

완료하면 게임창이 아래와 같이 보일 것입니다.

〈그림 8-41. 게임 창에서 비춰지는 버튼〉

물론 가상현실에서 버튼과 접촉하기 위해서는 레이캐스트를 사용해야 합니다. 첫 번째 가상현실 프로젝트에서 만들었던 방법 그대로 진행합니다. 계층 구조 창에서 마우스 오른쪽 클릭을 한 후 UI, 이번엔 Canvas를 선택합니다. 왜냐하면 이미 Canvas가 씬에 존재하기 때문에 바로 Image를 생성하면 이미 만들어 놓은 Canvas에 생성될 것이기 때문입니다. 새로 만든 Canvas 역시 Render Mode를 World Space로 변경합니다. Canvas의 위치를 0, 0, 1로 수정합니다.

새로 생성한 Canvas의 하위 오브젝트로 Image를 생성합니다. 생성한 Image의 이미지를 Knob으로 변경하고 Image 오브젝트의 크기를 0.05, 0.05로 수정합니다. 위치는 0, 0, 0으로 수정합니다. 이미지를 변경하는 방법은 Image(Script) 컴포넌트의 Source Image 항목에서 제일 우측 원을 눌러 Knob을 찾아야 합니다.

이제 Image가 달려 있는 Canvas를 ARCamera의 하위 오브젝트로 이동시킵니다. 아래와 같이 화면 중심에 하얀색 원이 보여야 합니다.

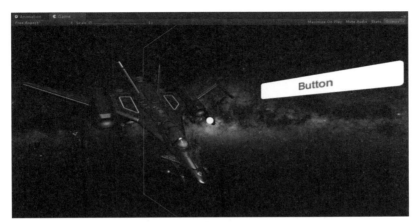

〈그림 8-42. ARCamera에 레이캐스트 확인을 위한 reticle 추가〉

rayCast 스크립트를 생성하고 아래와 같이 작성합니다.

```
using System.Collections;
using System.Collections.Generic;
using UnityEngine;

public class raycast : MonoBehaviour {

    // Use this for initialization
    void Start () {

    }

    // Update is called once per frame
    void Update () {
        RaycastHit hit;
        Vector3 forward = transform.TransformDirection (Vector3.forward) * 1000;
        Debug.DrawRay (transform.position, forward, Color.green);
        if (Physics.Raycast (transform.position, forward, out hit)) {
            Debug.Log ("hit");
        }
    }
}
```

보시면 아시겠지만 모델하우스 콘텐츠를 만들었을 때와 동일한 스크립트입니다. 이와 같이 미리 만들어 둔 스크립트를 상황에 따라 다시 이용할 수 있습니다. 본 스크립트를 ARCamera에 연결시킵니다.

모든 레이캐스트가 그렇듯이 오브젝트와 상호작용을 하려면 해당 오브젝트에 충돌체가 있어 야 합니다. Button 오브젝트에 Box Collider를 추가해서 버튼의 모양대로 크기를 맞춰줍니다.

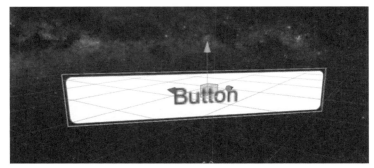

〈그림 8-43. 버튼에 삽입된 박스 충돌체〉

버튼을 작동시키기 위해서는 버튼 오브젝트의 Button(Script) 컴포넌트의 On Click( ) 이벤트 항목에 함수를 추가해야 합니다.

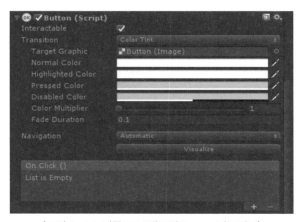

〈그림 8-44. 버튼 오브젝트의 Button 컴포넌트〉

함수를 추가해야 한다는 것은 스크립트를 만들어서 그 안에 함수를 작성해야 한다는 것과 같습니다. ButtonFunc 이름을 가진 스크립트를 만들어줍니다. 그리고 아래와 같이 작성합니다.

```
using System.Collections;
using System.Collections.Generic;
using UnityEngine;
using UnityEngine.SceneManagement;

public class ButtonFunc : MonoBehaviour {

    public void playGame(){
        SceneManager.LoadScene ("main");
    }
}
```

해당 버튼을 누르면 씬을 main 씬으로 이동하는 함수를 작성하였습니다. 유의해야 할 점은 4번째 줄입니다. SceneManagement를 추가해야 SceneManager에 관련된 함수들을 불러올 수 있습니다. LoadScene(" ")의 쌍따옴표 안에 들어갈 문자열은 이동하고자 하는 씬 이름입니다. 대소문자를 구분하니 똑같이 작성해야 합니다. 이 경우에는 게임 씬을 main으로 저장했으니 main으로 작성합니다.

유니티 에디터로 돌아와서 ButtonFunc 스크립트를 Button 오브젝트에 연결해줍니다. 그리고 Button 오브젝트의 On Click() 이벤트 항목의 + 버튼을 누릅니다. 그럼 아래와 같이 오브젝트를 추가할 수 있는 항목이 생성되는데 좌측의 None (Object) 항목에 조금 전 작성한 스크립트를 연결한 오브젝트를 끌어서 놓습니다. 지금 같은 경우엔 Button 오브젝트가 될 것입니다. 그리고 우측 No Function 항목이 활성화가 되면 ButtonFunc 스크립트에서 작성한 playGame 함수를 찾아 선택합니다.

〈그림 8-45. Button 컴포넌트의 On Click ( ) 항목〉

rayCast 스크립트를 열어 코드 두 줄을 추가합니다.

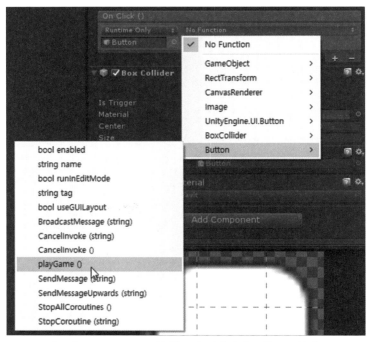

〈그림 8-46. On Click ( ) 항목에 실행하려는 함수를 추가〉

```
using System.Collections;
using System.Collections.Generic;
using UnityEngine;
using UnityEngine.UI; ❶

public class raycast : MonoBehaviour {

    // Use this for initialization
    void Start () {

    }

    // Update is called once per frame
    void Update () {
        RaycastHit hit;
```

```
Vector3 forward = transform.TransformDirection (Vector3.forward) * 1000;
Debug.DrawRay (transform.position, forward, Color.green);
if (Physics.Raycast (transform.position, forward, out hit)) {
    hit.transform.GetComponent<Button> ().onClick.Invoke (); ❷
    Debug.Log ("hit");
}
    }
}
```

유의해야 할 점은 ❶의 using UnityEngine.UI; 를 추가해야 ❷의 GetComponent〈Button〉을 이용할 수 있습니다. Invoke 함수를 이용해서 그 버튼에 연결된 함수를 호출하는 것이 가능합니다.

이제 버튼의 텍스트를 Play Game으로 바꾸어봅시다. Button 오브젝트 하위의 Text 오브젝트를 선택하고 인스펙터 창의 Text 항목에 Play Game을 써넣습니다.

〈그림 8-47. 버튼의 Text 변경〉

아마 바로 테스트를 하게 되면 씬이 넘어가지 않을 것입니다. 두 개 이상의 씬을 이용하려면 Build Setting 창에서 사용하려는 씬을 모두 추가해야 합니다. File, Build Setting 창을 열고 제일 상단 Scene In Build 항목에 프로젝트 창의 씬 파일들을 드래그해서 끌어 놓습니다.

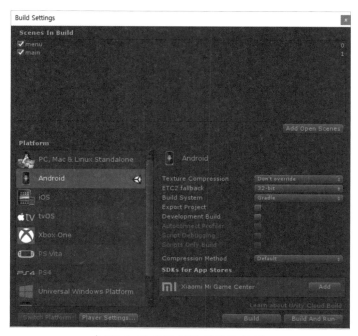

〈그림 8-48. 빌드 세팅 창에 씬 추가〉

8. 뷰포리아의 양안 모드와 한 화면 모드 설정하기

이번엔 버튼 두 개를 추가해서 양안 모드와 한 화면 모드를 번갈아서 바꿀 수 있도록 해보겠습니다. 양안 모드는 일반 가상현실 모드로 게임 화면이 두 개로 나뉘는 것을 뜻하고 한 화면 모드는 하나의 화면으로 가상현실을 즐길 수 있도록 하는 모드입니다. 한 화면 모드는 기기 없이 한 손으로 들고서 콘텐츠를 즐길 수 있습니다.

먼저 버튼 두 개를 만듭니다. 물론 새로 마우스 오른쪽 클릭을 해서 만들 수도 있지만, 충돌 체나 함수 등을 새로 추가해주어야 하기 때문에 이미 만들어둔 Button 오브젝트를 복사해서 쓰겠습니다. Button 오브젝트를 선택한 후 Ctrl + D를 누르면 자동으로 복제가 됩니다. 두 개를 만들고 이동시켜 버튼을 배치해주세요. 그리고 Text를 각각 Viewer Mode, Handheld Mode로 바꿔줍니다.

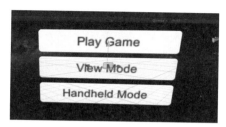

〈그림 8-49. 버튼 추가〉

〈그림 8-50. 각각 버튼의 이름 변경〉

버튼을 만들었으면 이제 ButtonFunc 스크립트를 수정합니다.

```
using System.Collections;
using System.Collections.Generic;
using UnityEngine;
using UnityEngine.SceneManagement;

public class ButtonFunc : MonoBehaviour {

    public void playGame(){
        SceneManager.LoadScene ("main");
    }

    public void vrmode(){
        Vuforia.MixedRealityController.Instance.SetMode (
            Vuforia.MixedRealityController.Mode.VIEWER_VR);
    }
    public void hhmode(){
        Vuforia.MixedRealityController.Instance.SetMode (
            Vuforia.MixedRealityController.Mode.HANDHELD_VR);
    }
}
```

Vrmode( )와 hhmode( ) 안에 들어가는 함수들은 뷰포리아에서 제공하는 함수들입니다. 각각 보면 마지막에 VIER_VR, HANDHELD_VR로 모드가 다른 것을 볼 수 있습니다. 이외에도 여러 가지 모드가 있으니 저 부분만 바꿔서 실험해보셔도 좋습니다.

그리고 각 함수들을 각 버튼에 연결시킵니다. Button (1)의 On Click( ) 이벤트 항목에 가서 vrmode( ) 함수를 선택하고, Button (2) 의 On Click( ) 이벤트 항목에는 hhmode( ) 함수를 선택합니다.

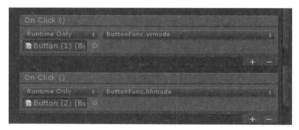

〈그림 8-51. 각각 버튼이 실행할 함수 등록〉

이제 레이캐스트로 Handheld Mode 버튼을 응시하였을 때 아래와 같이 게임창이 하나로 보일 것입니다.

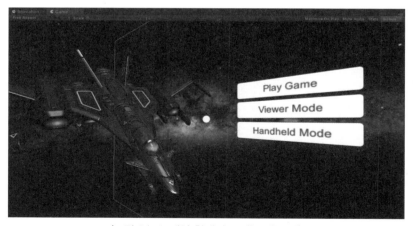

〈그림 8-52. 게임 창에서 보이는 메뉴 씬〉

물론 아직 문제점이 몇 가지 남아있습니다. 지금은 버튼을 응시한다는 느낌보다는 스치면 바로 적용이 됩니다. 또한 지금은 한 화면 모드로 변경하고 게임을 시작해도 게임 화면은 모드가 바뀌지 않습니다. 먼저 가운데 흰 점에 게이지를 추가하여 3초간 바라보면 인터렉션을 진행하도록 해봅시다.

먼저 ARCamera에 달린 Canvas의 자식 오브젝트인 Image 오브젝트를 복제합니다. 그러면 Image (1) 이미지가 생성됩니다. 해당 오브젝트를 선택하고 우측 인스펙터 창에 Image (Script) 컴포넌트의 Color 항목을 흰색이 아닌 다른 색으로 변경합니다. 그리고 아래 Image Type을 Simple에서 Filled로 변경합니다. Filled 항목으로 변경하면 그 아래 Fill Amount 수치를 변경함으로써 Fill Method 모양으로 이미지를 채우거나 비울 수 있습니다. 옵션들을 이리저리 만져보면서 변화를 확인해보는 것도 좋습니다. 일단 Fill Amount는 0으로 둡니다.

〈그림 8-53. 보다 알기 쉬운 Reticle을 위한 편집〉

그리고 다시 rayCast 스크립트를 수정합니다.

```csharp
using System.Collections;
using System.Collections.Generic;
using UnityEngine;
using UnityEngine.UI;

public class raycast : MonoBehaviour {

    public Image reticle; ❶
    float timeElapsed;

    // Use this for initialization
    void Start () {

    }

    // Update is called once per frame
    void Update () {
        RaycastHit hit;
        Vector3 forward = transform.TransformDirection (Vector3.forward) * 1000;
        Debug.DrawRay (transform.position, forward, Color.green);
        if (Physics.Raycast (transform.position, forward, out hit)) {

            if (timeElapsed >= 3.0f) {
                timeElapsed = 3.0f;
                hit.transform.GetComponent<Button> ().onClick.Invoke ();
            }
            timeElapsed = timeElapsed + Time.deltaTime; ❷
            reticle.fillAmount = timeElapsed / 3.0f;
            Debug.Log ("hit");
        } else {
            if (timeElapsed <= 0.0f) {
                timeElapsed = 0.0f;
            }
            timeElapsed = timeElapsed - Time.deltaTime; ❸
            reticle.fillAmount = timeElapsed / 3.0f;
        }
    }
}
```

조금 복잡해 보이지만 차근차근히 작성해봅니다. 일단 ❶에 reticle이라는 이미지 변수를 선언했습니다. Reticle이란 가운데 응시하는 초점을 뜻하는데 나중에 reticle 변수와 Image (1) 오브젝트를 연결시켜줄 것입니다. 그리고 timeElapsed 변수는 응시하는 시간을 나타내는 변수입니다. ❷가 시간을 해당 변수에 저장합니다. 그리고 다음 줄의 reticle.fillAmount 부분이 위의 Fill Amount 수치에 접근할 수 있도록 합니다. 시간에 따라 Fill Amount 수치를 증감시키는 역할을 하는 코드입니다. ❸ 역시 마찬가지입니다.

스크립트를 저장하고 유니티 에디터로 돌아와서 ARCamera에 연결된 rayCast 스크립트에 오브젝트를 연결시켜줍니다.

〈그림 8-54. Reticle 변수 항목에 복제된 이미지 삽입〉

9. 정보를 저장하는 PlayerPrefs 이용하기

그리고 이제 모드를 유지하는 부분을 구현해봅시다. 모드의 유지가 안되는 이유는 씬과 씬끼리 이동을 하면 이전 씬에서의 상태가 저장되지 않기 때문입니다. 이를 위해서 PlayerPrefs 라는 기법을 사용해보겠습니다.

PlayerPrefs는 간단히 말해서 데이터를 저장할 수 있도록 도와주는 역할을 합니다. 주로 key 값으로 정보를 저장하는데 이를 이용해서 게임상의 아이템, 플레이어 정보나 지금과 같은 게임 옵션 상태 등도 저장할 수 있습니다.

일단 ButtonFunc 스크립트를 다음과 같이 수정합니다.

```
using System.Collections;
using System.Collections.Generic;
using UnityEngine;
using UnityEngine.SceneManagement;

public class ButtonFunc : MonoBehaviour {

    public void playGame(){
        SceneManager.LoadScene ("main");
    }

    public void vrmode(){
        PlayerPrefs.SetInt ("mode", 0); ❶
        PlayerPrefs.Save ();

        Vuforia.MixedRealityController.Instance.SetMode (
            Vuforia.MixedRealityController.Mode.VIEWER_VR);
    }
    public void hhmode(){
        PlayerPrefs.SetInt ("mode", 1); ❷
        PlayerPrefs.Save ();

        Vuforia.MixedRealityController.Instance.SetMode (
            Vuforia.MixedRealityController.Mode.HANDHELD_VR);
    }
}
```

❶, ❷가 키값을 저장하는 코드입니다. vr 모드일 땐 "mode" 키값을 0으로, hh 모드일 땐 "mode" 키값을 1로 저장합니다. SetInt이기 때문에 키값을 정수로 저장합니다.
그리고 mode라는 스크립트를 하나 새로 생성합니다. 그리고 아래와 같이 작성합니다.

```
using System.Collections;
using System.Collections.Generic;
using UnityEngine;

public class mode : MonoBehaviour {

    // Use this for initialization
```

```
IEnumerator Start () {
    yield return new WaitForSeconds (0.2f);

    if (PlayerPrefs.GetInt ("mode") == 0) {
        Vuforia.MixedRealityController.Instance.SetMode (
            Vuforia.MixedRealityController.Mode.VIEWER_VR);
    } else if (PlayerPrefs.GetInt ("mode") == 1) {
        Vuforia.MixedRealityController.Instance.SetMode (
            Vuforia.MixedRealityController.Mode.HANDHELD_VR);
    }
}
}
```

SetInt로 저장한 키값을 GetInt로 불러옵니다. If문 안의 키 값과 해당하는 정수를 비교하여 그에 맞게 모드를 변경합니다. 모드를 변경하는 코드는 이전 ButtonFunc 스크립트의 것과 동일합니다. 위 스크립트를 main 씬의 Head 오브젝트에 연결해서 테스트를 하면 됩니다.

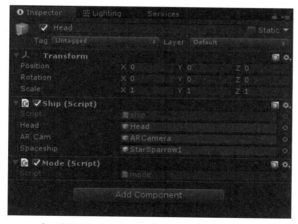

〈그림 8-55. Ship 스크립트 수정 및 변수 등록〉

10. 응용하기

이제 이번 콘텐츠 제작을 통해서 익혔던 기법들을 통해서 비행선을 선택하는 씬을 만들어보 겠습니다. 프로젝트 창에 Select라는 이름으로 씬을 새로 만들고 ARCamera를 추가해서 가 상현실 세팅을 완료합니다.

이제 선택할 비행선들을 나열해야 합니다. 이번에도 마찬가지로 레이캐스트를 이용하여 비 행선을 선택할 것이기 때문에 카메라를 중심으로 둥글게 나열을 해보겠습니다. 아래와 같이 비행선들을 위치시켜주세요.

해당 비행선들에게 충돌체를 입혀줍니다. 어떠한 충돌체도 상관없지만 각각 Sphere Collider 로 삽입하겠습니다. 또한 ARCamera에 레이캐스트 및 reticle(중앙 초점)까지 추가합니다.

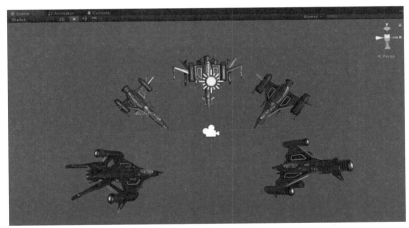

〈그림 8-56. 비행선 선택을 위한 나열〉

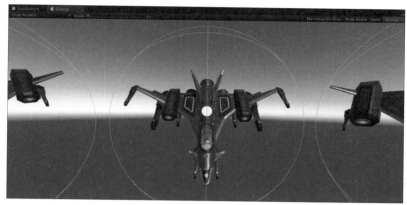

〈그림 8-57. 비행선에 구 충돌체 추가 및 레이캐스트, reticle 추가〉

레이캐스트로 각각의 비행선을 바라보았을 때 어떤 비행선을 선택하였는지 판별할 수 있어야 합니다. 가상현실 모델하우스에서 배웠던 태그를 각각의 비행선에 달아줍니다. 태그는 ship01 – ship05로 짓겠습니다.

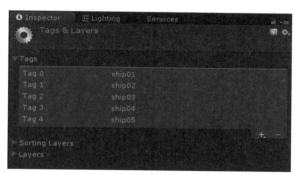

〈그림 8-58. 각 비행선에 등록할 태그 생성〉

그리고 rayCast 스크립트를 다음과 같이 변경합니다.

```
using System.Collections;
using System.Collections.Generic;
using UnityEngine;
using UnityEngine.UI;

public class raycast : MonoBehaviour {
```

```
public Image reticle;
float timeElapsed;

// Use this for initialization
void Start () {

}

// Update is called once per frame
void Update () {
    RaycastHit hit;
    Vector3 forward = transform.TransformDirection (Vector3.forward) * 1000;
    Debug.DrawRay (transform.position, forward, Color.green);
    if (Physics.Raycast (transform.position, forward, out hit)) {

        if (timeElapsed >= 3.0f) {
            timeElapsed = 3.0f;

            if (hit.collider.tag == "ship01") {
                PlayerPrefs.SetInt ("ship", 1);
                Debug.Log ("ship01");
            } else if (hit.collider.tag == "ship02") {
                PlayerPrefs.SetInt ("ship", 2);
            } else if (hit.collider.tag == "ship03") {
                PlayerPrefs.SetInt ("ship", 3);
            } else if (hit.collider.tag == "ship04") {
                PlayerPrefs.SetInt ("ship", 4);
            } else if (hit.collider.tag == "ship05") {
                PlayerPrefs.SetInt ("ship", 5);
            } else {
                hit.transform.GetComponent<Button> ().onClick.Invoke ();
            }

        }
        timeElapsed = timeElapsed + Time.deltaTime;
        reticle.fillAmount = timeElapsed / 3.0f;
        Debug.Log ("hit");
    } else {
        if (timeElapsed <= 0.0f) {
            timeElapsed = 0.0f;
        }
        timeElapsed = timeElapsed - Time.deltaTime;
        reticle.fillAmount = timeElapsed / 3.0f;
    }
}
}
```

빨간 박스 안이 새로 삽입된 코드입니다. 태그에 따라 PlayerPrefs에 저장하는 값을 다르게 합니다. 이 값을 게임 씬에서 불러와서 각각의 값에 알맞은 비행선을 불러오면 됩니다.

select 씬에서 main 씬으로 넘어가는 버튼만 구현하면 됩니다. Menu 씬에서 했던 것처럼 Play Game이라는 버튼을 생성하고 Canvas의 렌더 모드를 World Space로 변경한 뒤 우측 아래에 위치시킵니다. 충돌체도 추가해주세요.

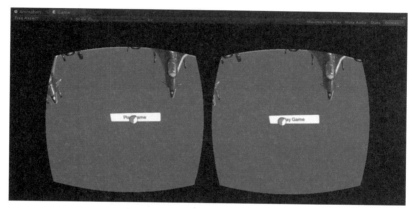

〈그림 8-59. 버튼을 쳐다보았을 때〉

버튼의 On Click( ) 이벤트에 main 씬으로 넘어가는 함수를 연결해주면 됩니다. 새로 작성할 필요 없이 이미 만들어둔 스크립트를 이용하면 편하게 구현할 수 있습니다. ButtonFunc 스크립트에 있는 playGame( ) 함수를 On Click( ) 이벤트에 연결시켜주세요. ButtonFunc 스크립트는 계층 구조 창의 어떤 오브젝트에 삽입해도 됩니다.

이제 main 씬으로 돌아가서 수정을 합니다. 계층 구조 창의 Head 〉 ARCamera 오브젝트 하위에 나머지 비행선 오브젝트들을 추가합니다. 위치와 크기 그리고 강체와 충돌체 컴포넌트들도 잊지 말고 수정합니다.

〈그림 8-60. PlayGame 함수 연결〉

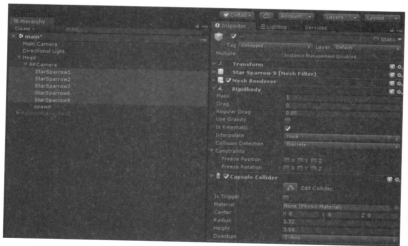

〈그림 8-61. ARCamera 아래에 5가지 비행선 추가〉

그리고 다섯 비행선들을 모두 비활성화시켜 씬에서 안보이게 만듭니다. Mode 스크립트를 다음과 같이 수정하여 main 씬이 시작할 때 select 씬에서 선택한 비행선을 켜도록 합니다.

```
using System.Collections;
using System.Collections.Generic;
using UnityEngine;

public class mode : MonoBehaviour {

    public GameObject ship01;
    public GameObject ship02;
    public GameObject ship03;
    public GameObject ship04;
    public GameObject ship05;

    // Use this for initialization
    IEnumerator Start () {
        yield return new WaitForSeconds (0.2f);

        if (PlayerPrefs.GetInt ("mode") == 0) {
            Vuforia.MixedRealityController.Instance.SetMode (
                Vuforia.MixedRealityController.Mode.VIEWER_VR);
        } else if (PlayerPrefs.GetInt ("mode") == 1) {
            Vuforia.MixedRealityController.Instance.SetMode (
                Vuforia.MixedRealityController.Mode.HANDHELD_VR);
        }

        if (PlayerPrefs.GetInt ("ship") == 1) {
            ship01.SetActive (true);
        } else if (PlayerPrefs.GetInt ("ship") == 2) {
            ship02.SetActive (true);
        }else if (PlayerPrefs.GetInt ("ship") == 3) {
            ship03.SetActive (true);
        }else if (PlayerPrefs.GetInt ("ship") == 4) {
            ship04.SetActive (true);
        }else if (PlayerPrefs.GetInt ("ship") == 5) {
            ship05.SetActive (true);
        }
    }

}
```

본 스크립트와 연결된 오브젝트인 Head 오브젝트를 선택하고 우측 인스펙터 창에 보이는 변수들을 채워넣습니다. Ship01부터 ship05까지 각각 ARCamera의 하위에 존재하는 비행선 오브젝트들을 연결합니다.

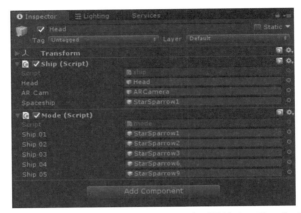

〈그림 8-62. Mode 스크립트 변수 항목에 비행선 오브젝트 추가〉

마지막으로 menu 씬에서 select 씬으로 넘어가는 버튼만 구현하면 이번 프로젝트가 완성됩니다. Menu 씬에서 Select Ships라는 버튼을 생성합니다.

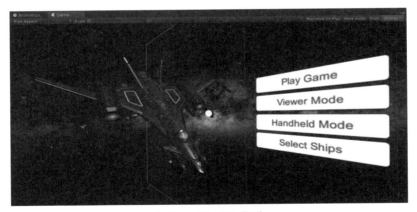

〈그림 8-63. 버튼 추가〉

ButtonFunc 스크립트를 열어 다음과 같이 수정합니다.

```
using System.Collections;
using System.Collections.Generic;
using UnityEngine;
using UnityEngine.SceneManagement;

public class ButtonFunc : MonoBehaviour {

    public void playGame(){
        SceneManager.LoadScene ("main");
    }

    public void vrmode(){
        PlayerPrefs.SetInt ("mode", 0);
        PlayerPrefs.Save ();

        Vuforia.MixedRealityController.Instance.SetMode (
            Vuforia.MixedRealityController.Mode.VIEWER_VR);
    }
    public void hhmode(){
        PlayerPrefs.SetInt ("mode", 1);
        PlayerPrefs.Save ();

        Vuforia.MixedRealityController.Instance.SetMode (
            Vuforia.MixedRealityController.Mode.HANDHELD_VR);
    }

 ❶ public void selectShip(){
        SceneManager.LoadScene ("select");
    }
}
```

❶부터 시작하는 selectShip( ) 함수를 추가하였습니다. 내용은 playGame( ) 함수에서 사용한 것과 같습니다.

Select Ships 버튼에 ButtonFunc 스크립트를 연결해주고 빌드 세팅에 select 씬을 추가해준 다음 테스트를 진행합니다.

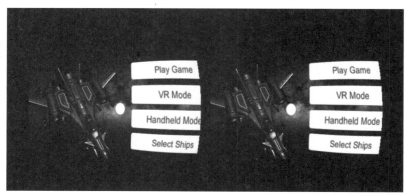

〈그림 8-64. 처음 실행한 메뉴 화면〉

게임을 실행하면 앞서 만든 메뉴 화면이 나타나게 됩니다. 여기서 Handheld Mode 버튼을 눌러 한 화면 보기 모드로 진행해봅시다.

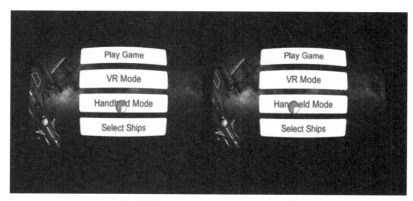

〈그림 8-65. Handheld 모드를 선택〉

해당 버튼을 선택하면 한 화면으로 화면이 변경된 것을 확인할 수 있습니다. 다시 VR Mode로 변경을 원할 시, VR Mode 버튼을 바라보면 됩니다.

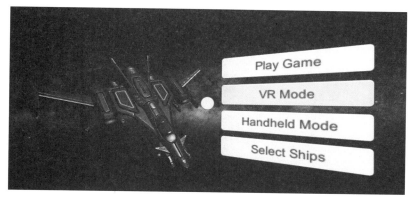

〈그림 8-66. Handheld 모드〉

비행선 선택 버튼인 Select Ship 버튼을 선택합니다.

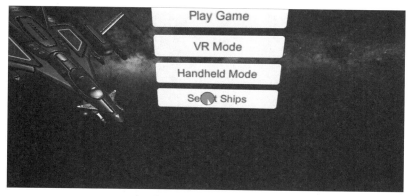

〈그림 8-67. 비행선 선택 버튼〉

여러 비행선 중 하나의 비행선을 바라보고 우측 하단 버튼을 선택합니다.

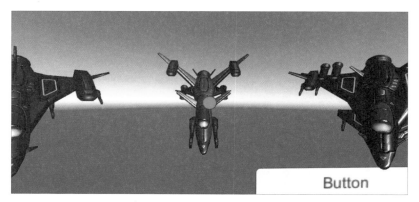

〈그림 8-68. 노란색 비행선 선택〉

그럼 바로 게임 씬으로 넘어가게 됩니다.

〈그림 8-69. 게임 화면〉

게임 플레이 방법은 앞에 생성되는 소행성들을 비행선으로 날아가서 터트리면 됩니다. 내가
바라보는 방향으로 비행선이 날아가기 때문에 조종을 잘해야 합니다.

〈그림 8-70. 소행성과 비행선의 충돌〉

이로써 뷰포리아를 이용한 가상현실 게임 만들기에 성공하였습니다. 사실 모바일 기반의 가상현실 게임이 성공한 사례는 극히 드뭅니다. 하지만 PC 기반의 가상현실 게임이나 모바일 기반의 가상현실 게임이나 유니티를 이용해서 개발하는 과정은 크게 다르지 않습니다. 가상현실의 특성과 그에 맞는 유니티 개발 능력을 이용하여 더욱 더 획기적이고 재미있는 콘텐츠를 만드는 것이 중요합니다.

안드로이드 폰으로
빌드하기

1. 안드로이드 SDK 설치

가상현실/증강현실 콘텐츠를 유니티로 제작할 때 물론 유니티 클라이언트 내에서 테스트를 해볼 수 있지만, 콘텐츠의 특성상 디바이스로 테스트를 해봐야 정확한 경우가 많습니다. 안드로이드 디바이스에서 빌드를 하고 테스트를 하는 것이 제일 간단하고 편리합니다.

먼저 안드로이드 스튜디오를 설치합니다. 안드로이드 스튜디오를 검색하고 제일 위에 보이는 Download Android Studio And SDK Tools로 들어갑니다.

〈그림 9-1. 안드로이드 스튜디오 검색〉

사이트에서 가운데에 보이는 DOWNLOAD ANDROID STUDIO를 클릭합니다. OS 버전에 따라 설치 파일을 알아서 지정해주니 걱정 마세요.

〈그림 9-2. 안드로이드 스튜디오 홈페이지〉

팝업되는 약관에 동의를 해주고 그 아래 다운로드 버튼을 누르면 설치 클라이언트가 다운로드됩니다.

〈그림 9-3. 안드로이드 스튜디오 다운로드〉

클라이언트를 더블클릭, 열린 창에서 Next를 눌러 설치를 진행합니다. 경로는 되도록 지정된
경로 그대로에 설치합니다.

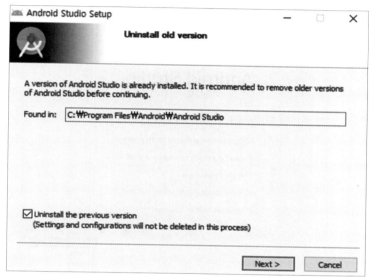

〈그림 9-4. 안드로이드 스튜디오 설치〉

설치가 완료되면 Android Studio라는 이름의 아이콘을 찾아 실행시킵니다.

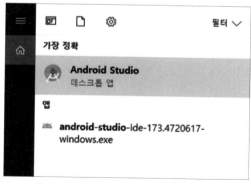

〈그림 9-5. 안드로이드 스튜디오 실행〉

다음과 같은 창이 뜰 것입니다. 우측 하단에 Configure를 클릭하고 SDK Manager를 누릅니다.

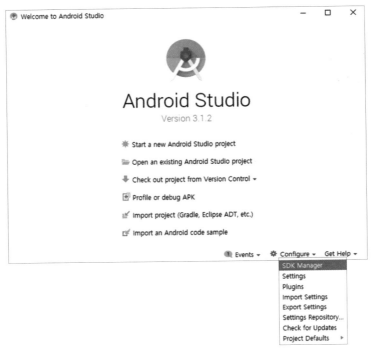

〈그림 9-6. 안드로이드 스튜디오 SDK Manager 클릭〉

들어간 화면에서 중앙에 있는 안드로이드 SDK 버전 모두 체크를 하고 우측 하단 Apply 버튼
을 누릅니다.

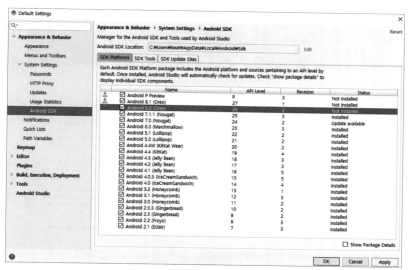

〈그림 9-7. SDK Manager에서 안드로이드 SDK 업데이트 1〉

다음과 비슷한 창에 설치가 될 안드로이드 SDK 버전을 나열됩니다. OK를 눌러 진행합니다.

〈그림 9-8. SDK Manager에서 안드로이드 SDK 업데이트 2〉

라이선스에 Accept 버튼을 누르고 Next버튼을 누르면 안드로이드 SDK가 다운로드될 것입니다. 용량이 커서 생각보다 오래 걸릴 수 있습니다. 시간을 가지고 천천히 작업할 수 있을 때 진행하세요.

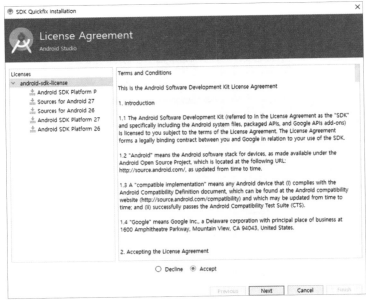

〈그림 9–9. SDK Manager에서 안드로이드 SDK 업데이트 3〉

2. 안드로이드 JDK 설치

이번엔 안드로이드 JDK 를 설치합니다. 인터넷에 Android JDK 를 검색합니다.

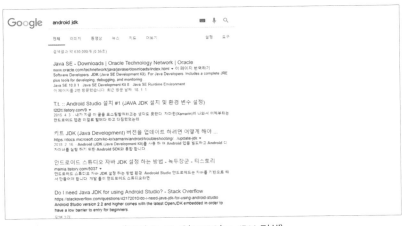

〈그림 9–10. 안드로이드 JDK 검색〉

제일 위에 있는 사이트에 접속합니다. 그리고 스크롤을 아래로 조금만 내려서 JAVA SE 8u171/ 8u172 를 클릭해서 들어갑니다.

〈그림 9-11. 안드로이드 JDK 다운로드〉

이중에서 8u171 버전을 다운받습니다. 일단 Accept license Agreement를 체크하고 본인에게 맞는 OS 버전으로 다운로드받습니다.

Java SE Development Kit 8u171		
You must accept the Oracle Binary Code License Agreement for Java SE to download this software.		
● Accept License Agreement		○ Decline License Agreement
Product / File Description	File Size	Download
Linux ARM 32 Hard Float ABI	77.97 MB	jdk-8u171-linux-arm32-vfp-hflt.tar.gz
Linux ARM 64 Hard Float ABI	74.89 MB	jdk-8u171-linux-arm64-vfp-hflt.tar.gz
Linux x86	170.05 MB	jdk-8u171-linux-i586.rpm
Linux x86	184.88 MB	jdk-8u171-linux-i586.tar.gz
Linux x64	167.14 MB	jdk-8u171-linux-x64.rpm
Linux x64	182.05 MB	jdk-8u171-linux-x64.tar.gz
Mac OS X x64	247.84 MB	jdk-8u171-macosx-x64.dmg
Solaris SPARC 64-bit (SVR4 package)	139.83 MB	jdk-8u171-solaris-sparcv9.tar.Z
Solaris SPARC 64-bit	99.19 MB	jdk-8u171-solaris-sparcv9.tar.gz
Solaris x64 (SVR4 package)	140.6 MB	jdk-8u171-solaris-x64.tar.Z
Solaris x64	97.05 MB	jdk-8u171-solaris-x64.tar.gz
Windows x86	199.1 MB	jdk-8u171-windows-i586.exe
Windows x64	207.27 MB	jdk-8u171-windows-x64.exe

〈그림 9-12. 알맞은 OS 버전의 안드로이드 JDK 다운로드〉

다운받은 설치 파일을 더블클릭해서 설치하면 됩니다.

3. 유니티 환경 설정

모두 설치가 끝났으면 유니티에 SDK와 JDK의 경로를 설정해주어야 합니다. 유니티 에디터의 Edit, Preference로 들어갑니다.(맥OS의 경우 유니티 아이콘, Preference) 그리고 좌측 탭에 External Tools를 클릭합니다.

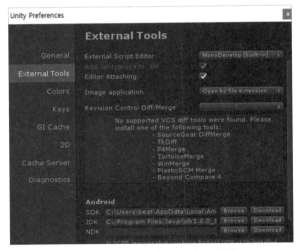

〈그림 9-13. SDK 및 JDK 경로 설정〉

제일 아래 Android 부분에 SDK JDK 경로를 넣어주어야 합니다. SDK 경로는 숨어있어서 일반적으로는 찾기 어렵습니다. 안드로이드 스튜디오의 SDK Manager로 되돌아갑니다. 그리고 윗단의 Android SDK Location 우측에 있는 경로를 복사해서 아까 Preference 창의 SDK 항목에 붙여넣습니다.

〈그림 9-13. SDK의 경로〉

JDK의 경우 Prefence 창에서 JDK 항목 우측의 Browse 버튼을 클릭하면 자동으로 잡아줍니다. 바로 확인 버튼을 누르면 됩니다.

4. 유니티에서 안드로이드로 빌드하기

이제 핸드폰으로 포팅하는 단계만 남아 있습니다. 먼저 앞선 프로젝트에서 한 것처럼 빌드 세팅에 들어가서 플랫폼을 안드로이드로 변경합니다.

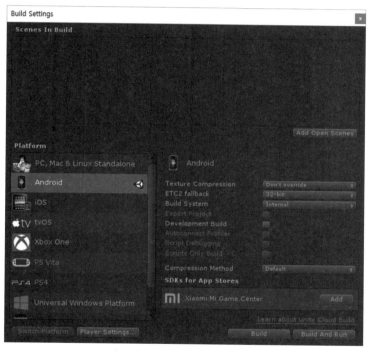

〈그림 9-14. 개발 플랫폼 변경〉

그리고 아래 Player Setting을 누르고 우측 인스펙터 창을 확인합니다. Other Settings 탭에 들어가서 Package Name을 수정합니다. Com.소속.프로젝트이름 형식을 맞춰 주어야 합니다. Com은 그대로 두시고 소속과 프로젝트 이름 부분을 수정합니다. 그리고 조금 더 아래 Android TV Compatibility 부분을 체크 해제합니다. 뷰포리아는 본 옵션을 지원하지 않기 때문에 빌드 시에 에러가 납니다.

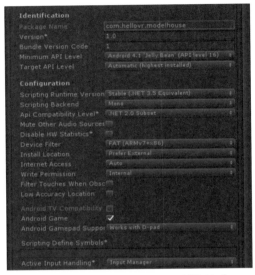

〈그림 9-14. 안드로이드 빌드를 위한 설정〉

다시 빌드 세팅 창으로 돌아가서 우측 하단에 있는 Build 또는 Build And Run 버튼을 누릅니다. 둘의 차이점은 Build 버튼은 안드로이드 어플리케이션 설치파일인 APK 파일을 생성하고, Build And Run의 경우 APK 파일을 만듦과 동시에 모바일 폰에서도 구동을 시킵니다. 즉 PC와 모바일이 연결되어 있어야 Build And Run을 활용할 수 있습니다. 빌드를 하게 되면 프로젝트 파일 안에 해당 APK 파일이 생성됩니다.

이름 ^	수정한 날짜	유형	크기
Assets	2018-05-11 오후...	파일 폴더	
Library	2018-05-16 오후...	파일 폴더	
obj	2018-05-09 오전...	파일 폴더	
ProjectSettings	2018-05-16 오후...	파일 폴더	
QCAR	2018-04-24 오후...	파일 폴더	
Temp	2018-05-16 오후...	파일 폴더	
UnityPackageManager	2018-04-24 오후...	파일 폴더	
ARProject2	2018-04-24 오후...	Microsoft Visual ...	2KB
ARProject2.userprefs	2018-05-11 오후...	USERPREFS 파일	1KB
Assembly-CSharp	2018-05-16 오후...	Visual C# Project ...	12KB
Assembly-CSharp-Editor	2018-05-16 오후...	Visual C# Project ...	12KB
modelHouse.apk	2018-05-16 오후...	APK 파일	43,204KB

〈그림 9-15. 안드로이드 어플리케이션 설치 파일인 APK 파일〉

Build And Run의 경우 바로 모바일에 설치가 되지만 그렇지 않은 경우에는 모바일로 APK 파일을 전송하고 모바일 디바이스에서 별도로 설치를 해야 합니다.

10

Google VR SDK를 이용하여 360 VR 콘텐츠 만들기

1. Google VR SDK 설치

유니티를 이용한 가상현실/증강현실 콘텐츠를 만들기 쉬운 이유 중 하나는 유니티를 지원하는 SDK나 플러그인들이 많기 때문입니다. 우리는 그중 하나인 뷰포리아를 이용하여 네가지의 콘텐츠를 만들어 보았습니다. 뷰포리아 SDK는 증강현실, 즉 이미지 타깃팅 기술을 기반으로 한 소프트웨어이기 때문에 사실 증강현실 기술을 이용하지 않는 콘텐츠라면 불필요할수도 있습니다. 만약 가상현실 콘텐츠만 기획을 하고 있다면 Google VR SDK를 이용해보는것도 좋은 선택입니다.

인터넷에 google vr sdk를 검색합니다. 그리고 제일 위의 링크로 들어갑니다.

〈그림 10-1. Google VR 홈페이지 검색〉

Google VR SDK는 여러 가지의 플랫폼을 지원합니다. 우리는 유니티를 이용하기 때문에 유니티용 SDK를 받아야 합니다. 좌측 하단의 Downloads를 클릭합니다. 드롭다운 메뉴에서 Unity를 선택합니다.

〈그림 10-2. Google VR SDK 다운로드〉

가운데 DOWNLOAD SDK 버튼을 눌러 링크를 타고 들어가면 Github 페이지로 접속이 됩니다. 여기에 Google VR SDK가 버전별로 업데이트가 됩니다. 제일 상단에 있는 버전이 최신 버전입니다. 그중 가장 위에 GoogleVRForUnity.xxx.Unitypackage 파일을 클릭해서 다운로드합니다. 해당 SDK 파일이 유니티 패키지 파일 형식으로 다운로드가 됩니다.

〈그림 10-3. Google VR SDK Git 페이지〉

유니티 프로젝트를 만들어서 해당 패키지 파일을 불러옵니다. 모두 불러오게 되면 프로젝트 창에 GoogleVR이라는 폴더가 생성됩니다.

〈그림 10-4. Google VR SDK 프로젝트에 임포트〉

〈그림 10-5. 프로젝트 창에 임포트된 Google VR SDK〉

GoogleVR 안에 Prefabs라는 폴더에 들어갑니다. GvrEditorEmulator라는 프리팹 파일을 계층 구조 창에 끌어다가 놓습니다.

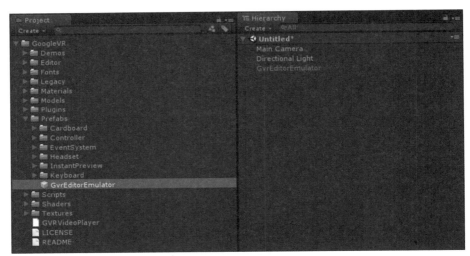

〈그림 10-6, 10-7. GvrEditorEmulator 프리팹〉

이 상태에서 플레이 버튼을 눌러 테스트를 해봅니다. 이전에 뷰포리아를 사용했을 때처럼 게임 창에서 Alt 키를 누른 상태로 둘러볼 수 있습니다.

〈그림 10-8. 플레이 버튼을 누르고 주위를 둘러보았을 때〉

뷰포리아와의 차이점은 먼저 테스트 시 게임창이 두 개로 나뉘지 않는다는 것입니다. 하지만 모바일 폰에 빌드를 하면 두 화면으로 나뉘게 되니 걱정하지 않아도 됩니다. 그리고 두 번째 차이점은 메인 카메라 유무의 차이입니다. 뷰포리아는 ARCamera라는 별개의 카메라를 이용합니다. 하지만 Google VR은 GvrEditorEmulator를 계층 구조 창에 놓기만 하면 기존의 Main Camera가 VR 카메라가 됩니다.

2. 360 실사영상 넣어 보기

지금까지 우리가 한 가상현실 콘텐츠들은 모두 3D 오브젝트 기반의 콘텐츠들이었습니다. 우리가 직접 가상현실 세상을 꾸미고 배치한 뒤 그 세계를 체험하였습니다. 하지만 다른 형식의 가상현실 콘텐츠들도 있습니다. 그중 하나가 360 실사 영상 기반의 가상현실 콘텐츠입니다.

실사 가상현실 콘텐츠는 360 카메라를 이용하여 영상을 촬영함으로써 시작됩니다. 요즘엔 저렴한 카메라들이 많아서 접근성이 많이 좋아졌습니다. 스마트폰 어플리케이션을 통해서도 360 영상을 촬영할 수도 있지만, 방법도 조금 복잡하고 퀄리티도 좋지 않은 단점이 있습니다. 일단 우리는 아직 촬영을 하긴 어려움이 따르니 샘플 비디오 파일을 받아서 만들어봅시다.

인터넷에 360 sample video라고 검색을 한 후 제일 위에 보이는 페이지로 이동합니다.

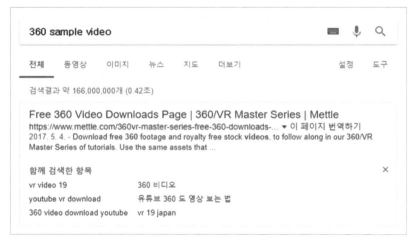

〈그림 10-9. 샘플 360 영상 다운로드 1〉

이 중에서 영상 하나를 골라 다운로드 받습니다. Download from Vimeo를 누릅니다.

〈그림 10-10. 샘플 360 영상 다운로드 2〉

가운데 다운로드를 눌러서 받을 형식을 선택합니다. Original이나 UHD 4K를 선택해서 다운 받습니다.

〈그림 10-11. 샘플 360 영상 다운로드 3〉

〈그림 10-12. 샘플 360 영상 다운로드 4〉

받은 파일을 유니티 에디터 내의 프로젝트 창으로 이동시킵니다.

〈그림 10-13. 프로젝트 창으로 옮긴 360 영상〉

360 영상을 우리가 둘러볼 수 있도록 재생시키기 위해서는 먼저 360 영상을 구 모양의 오브젝트에 씌워야 합니다. 계층 구조 창에 Sphere 오브젝트를 생성시킵니다. Sphere 오브젝트를 선택하고 우측 인스펙터창에서 Video Player 컴포넌트를 추가합니다.

〈그림 10-14. Sphere 오브젝트 추가〉

〈그림 10-15. Sphere 오브젝트에 Video Player 컴포넌트 추가〉

추가된 Video Player 컴포넌트의 Video Clip 부분에 프로젝트 창에 있는 360 영상을 끌어다가 놓습니다.

〈그림 10-16. Video Player 컴포넌트에 360 샘플 영상 삽입〉

이 상태에서 플레이 버튼을 눌러 테스트를 진행하면 Sphere 겉표면에 영상이 재생되는 것을 알 수 있습니다.

〈그림 10-17. 바로 플레이해본 상태〉

우리는 이 원의 내부 면에 영상을 재생시키고 카메라를 원 안에 배치시켜서 내부를 둘러보게 할 것입니다. 원의 안쪽 면에 영상을 재생시키기 위해서는 특별한 쉐이더를 만들어줘야 합니다. 프로젝트 창에서 마우스 오른쪽 클릭을 하고 Create, Shader, Standard Surface Shader 를 만들고 이름을 Insideout으로 정합니다.

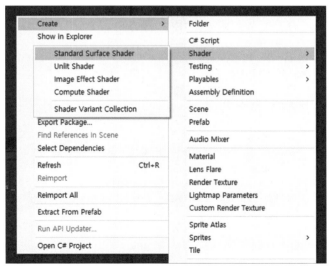

〈그림 10-18. 쉐이터 스크립트 파일 생성〉

해당 쉐이더를 더블클릭해서 열어주면 일반 스크립트 처럼 에디터에서 열립니다. 아래 코드를 Insideout 쉐이더에 작성합니다. 조금 길고 복잡해도 차근차근히 작성해봅시다.

```
Shader "Insideout" {
Properties {
    _MainTex ("Base (RGB)", 2D) = "white" {}
}
SubShader {
    Tags { "RenderType"="Opaque" }
    Cull front     // ADDED BY BERNIE, TO FLIP THE SURFACES
    LOD 100

    Pass {
        CGPROGRAM
            #pragma vertex vert
            #pragma fragment frag

            #include "UnityCG.cginc"

            struct appdata_t {
                float4 vertex : POSITION;
                float2 texcoord : TEXCOORD0;
            };
            struct v2f {
                float4 vertex : SV_POSITION;
                half2 texcoord : TEXCOORD0;
            };
            sampler2D _MainTex;
            float4 _MainTex_ST;

            v2f vert (appdata_t v)
            {
                v2f o;
                o.vertex = UnityObjectToClipPos(v.vertex);
                // ADDED BY BERNIE:
                v.texcoord.x = 1 - v.texcoord.x;
                o.texcoord = TRANSFORM_TEX(v.texcoord, _MainTex);
                return o;
            }
            fixed4 frag (v2f i) : SV_Target
            {
```

```
                        fixed4 col = tex2D(_MainTex, i.texcoord);
                        return col;
                    }
            ENDCG
        }
    }
}
}
```

프로젝트 창에 마우스 우클릭, Create, Material을 선택합니다. 메터리얼을 생성하고 이름을 Insideout이라고 정하겠습니다.

〈그림 10-19. 메터리얼 생성〉

해당 메터리얼을 선택하고 우측 인스펙터 창의 제일 상단 Standard를 눌러서 Insideout을 선택합니다.

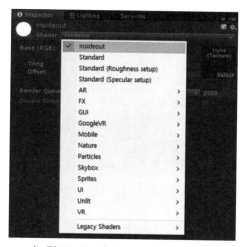

〈그림 10-20. 메터리얼의 셰이더 변경〉

그리고 insideout 메터리얼을 Sphere 오브젝트로 끌어다 놓습니다. Sphere 오브젝트의 위치를 0, 0, 0 그리고 카메라의 위치도 0, 0, 0으로 바꿔주세요. 플레이 버튼을 누르면 아래와 같이 보일 것입니다.

〈그림 10-21. 플레이를 하고 주위를 둘러보았을 때〉

두 가지 문제점이 있습니다. 첫 번째는 시야각이 좁다는 점, 그리고 다른 하나는 좌우 반전이 되어 있다는 점입니다.

먼저 Sphere 오브젝트의 크기를 −100, 100, 100으로 변경합니다. x좌표의 크기가 음수인 것을 놓치지 마세요.

〈그림 10-22. 360 영상을 가상현실 상태에서 보는 장면〉

이 상태에서 Alt 키를 눌러 상하좌우를 살펴봅니다.

3. 인터랙션 넣기

물론 360 영상을 편집하는 툴은 유니티뿐만 아니라 영상 편집 툴로도 가능합니다. 하지만 우리가 유니티를 사용하는 이유는 인터렉션이 삽입될 수 있기 때문입니다. 이번엔 레이캐스트를 사용해서 버튼을 쳐다보면 다른 영상을 틀어보도록 하겠습니다.

먼저 이전 예제에서 작업했던 것과 같이 레이캐스트 스크립트를 작성하고 Main Camera에 추가시킵니다.

```
using System.Collections;
using System.Collections.Generic;
using UnityEngine;
using UnityEngine.UI;

public class raycast : MonoBehaviour {

    // Update is called once per frame
    void Update () {
        RaycastHit hit;
        Vector3 forward = transform.TransformDirection (Vector3.forward) * 1000;
        Debug.DrawRay (transform.position, forward, Color.green);
        if (Physics.Raycast (transform.position, forward, out hit)) {

            hit.transform.GetComponent<Button>().onClick.Invoke*();
            Debug.Log ("hit");
        }
    }
}
```

이제 버튼을 하나 생성해줍니다. 계층 구조 창에서 마우스 오른쪽 클릭, UI, Button을 클릭합니다. 만들어진 버튼을 만들어놓은 Sphere 안에 위치시켜야 합니다. Canvas 오브젝트를 선택하고 우측 인스펙터 창의 Canvas 컴포넌트의 Render Mode를 World Space로 변경합니다.

버튼 오브젝트의 크기를 sphere 오브젝트보다 작게 변경하고 Sphere 안에 위치시킵니다. 그리고 플레이를 해보면 다음과 같이 360 영상과 함께 버튼이 눈에 보일 것입니다.

손에 잡히는 유니티 3D VR/AR

버튼의 텍스트를 바꿔주도록 하겠습니다. Button 오브젝트 하위의 Text 오브젝트를 선택합
니다. 그리고 우측 인스펙터 창의 Text 컴포넌트의 Text 항목을 Change Scene to 01으로 변
경합니다.

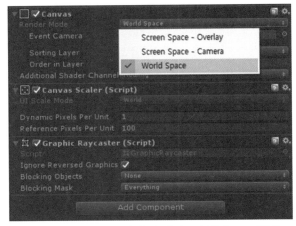

〈그림 10-23. 버튼 UI 삽입 및 캔버스의 렌더 모드 변경〉

〈그림 10-24. 구 안에 위치한 버튼이 보이는 모습〉

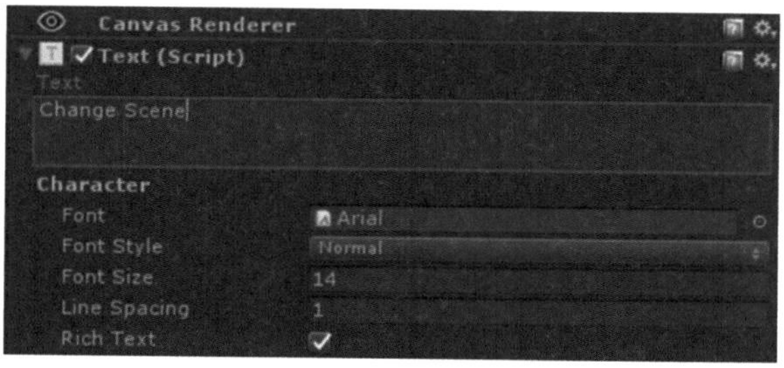

〈그림 10-25. 버튼 이름 변경〉

프로젝트 창에 changeVid라는 스크립트를 새로 생성합니다. 그리고 아래와 같이 작성합니다.

```
using System.Collections;
using System.Collections.Generic;
using UnityEngine;
using UnityEngine.Video; ❶

public class changeVid : MonoBehaviour {

    public VideoClip clip01;
    public VideoClip clip02;
    bool isClip;
    public void change(){
        if (!isClip) {
            ❷ gameObject.GetComponent<VideoPlayer> ().clip = clip02;
            isClip = true;
        } else {
            gameObject.GetComponent<VideoPlayer> ().clip = clip01;
            isClip = false;
        }
    }
}
```

두 개의 함수를 통해 두 개의 버튼을 운용합니다. 첫 번째 함수는 두 번째 영상으로 변경하는 버튼이 될 것이고 두 번째 함수는 첫 번째 영상으로 돌아가는 버튼이 될 것입니다.

❶에서 Video api를 추가해줍니다. ❶이 없으면 아래 ❷부터도 작성이 되지 않으니 유의해야 합니다.

❷부터 앞의 스크립트가 추가되어 있는 오브젝트의 컴포넌트인 VideoPlayer를 찾아 안의 클립을 변경시켜줍니다.

isClip 변수를 통해 현재 어떤 클립이 재생되고 있는지 확인합니다. isClip에 따라 변경될 클립을 정하고 클립을 변경합니다.

해당 스크립트를 모두 작성하였으면 Sphere 오브젝트에 붙여줍니다. 그리고 각각 Clip 01, Clip 02 변수 항목에 프로젝트 창에 있는 360 영상을 각각 붙여줍니다.

〈그림 10-26. Sphere 오브젝트에 부착한 스크립트의 변수들 삽입〉

이제 Button 오브젝트를 선택합니다. 우측 인스펙터 창의 Button (Script) 컴포넌트의 On Click() 항목을 확인합니다. 해당 항목에 Sphere 오브젝트를 끌어서 놓습니다.

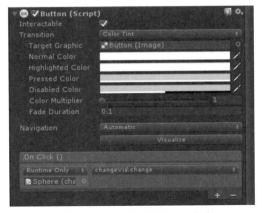

〈그림 10-26. 버튼 컴포넌트 편집〉

그러면 우측 No Function 부분이 활성화될 것입니다. 클릭해서 우리가 작성한 스크립트 이름인 changeVid를 찾아 들어가서 스크립트에 작성한 함수 이름인 change01( )를 선택합니다.

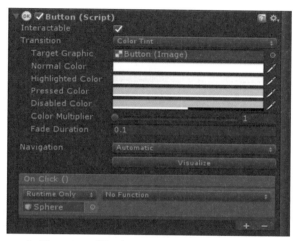

〈그림 10-26. 버튼 컴포넌트 편집, 작동할 함수 선택〉

레이캐스트로 버튼을 인식하려면 버튼에 충돌체 컴포넌트가 존재하여야 합니다. Button 오브젝트를 선택하고 우측 인스펙터 창에 Add Component를 눌러 Box Collider를 추가합니다. 크기는 버튼의 크기와 동일하게 맞춥니다.

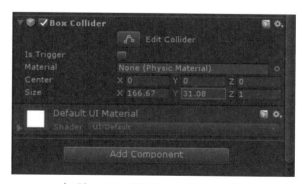

〈그림 10-27. 버튼에 박스 충돌체 삽입〉

이제 버튼을 복제를 해서 두 개로 만들어 주겠습니다. Button 오브젝트를 선택하고 Ctrl + D

를 누르면 Button (1) 이름을 가진 오브젝트로 복제가 됩니다. Text를 Change Scene to 02 로 변경하고 On Click ( ) 함수도 Change02( )로 변경하면 완성입니다. 그 외의 컴포넌트들은 복제가 되었기 때문에 따로 추가할 필요가 없습니다.

〈그림 10-28. 바뀌기 전 버튼을 쳐다보는 중〉

〈그림 10-29. 바뀐 영상〉

화면의 중심으로 버튼을 쳐다보면 해당 영상으로 변경되는 것을 확인할 수 있습니다. 여기에 이전 콘텐츠에서 만들었던 게이지 아이콘이나 reticle을 추가한다면 더욱 편리한 UI를 가진 콘텐츠가 될 것입니다. 실제 이런 인터렉션이 추가된 360 콘텐츠들이 여행 콘텐츠로 많이 개발되고 있습니다. 수동적으로 영상을 바라보는 것이 아닌 실제 세상과 상호작용할 수 있는 콘텐츠를 만들 수 있도록 더욱더 노력해야겠습니다.

Chapter 11

유니티 3D로 VR/AR 모바일 앱 만들기

Region Capture를 이용하여 색칠하기 콘텐츠 만들기

1. Region Capture 다운로드하기

유튜브나 페이스북에 증강현실 콘텐츠 영상들이 많이 올라오고 있습니다. 그중 처음 나왔을 때 사람들이 모두 신기해 하던 콘텐츠였던 증강현실 색칠하기 콘텐츠를 다루어볼까 합니다. 종이 위에 그려진 그림에 색을 입히면 증강되어 나타나는 오브젝트의 색상도 똑같이 변하는 콘텐츠입니다. 본 콘텐츠 제작을 위해서는 먼저 Region Capture라는 플러그인이 필요합니다. 인터넷에 Region Capture를 검색하고 제일 위에 보이는 링크로 들어갑니다.

〈그림 11-1. Region Capture 플러그인 검색〉

해당 링크로 입장하면 region capture github 페이지로 접속됩니다. 본 페이지에서 우측에
초록색 Clone or Download 버튼을 클릭하고 Download ZIP 버튼을 눌러 파일을 다운로드합
니다.

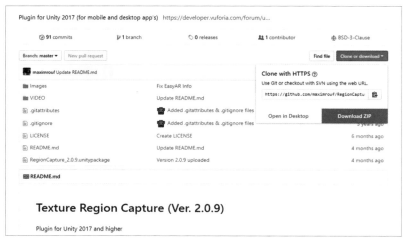

〈그림 11-2. Region Capture 플러그인 다운로드〉

이제 RegionCapture라는 이름의 프로젝트를 생성합니다.

〈그림 11-3. 새 프로젝트 생성〉

프로젝트가 생성되면 뷰포리아 기본 설정을 마쳐줍니다. 빌드 세팅에서 안드로이드 플랫폼으로 변경하고, 플레이어 세팅에서 뷰포리아 서포트에 체크, 그리고 계층 구조 창에 ARCamera를 추가하여 뷰포리아 SDK를 임포트합니다.

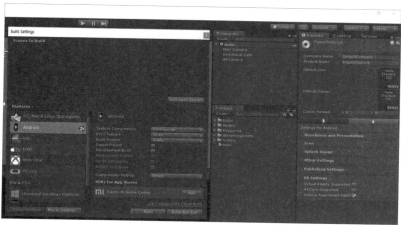

〈그림 11-4. 뷰포리아 증강현실 환경 설정〉

잠시 전에 다운로드 받은 Region Capture Zip 파일의 압축을 풀어줍니다. 압축을 푼 폴더 안에 RegionCapture_x.x.x.unitypackage 파일을 찾아 더블클릭하여 프로젝트로 임포트시켜 줍니다.

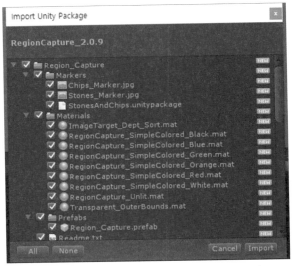

〈그림 11-5. Region Capture 패키지 파일 임포트〉

임포트가 완료되면 첨부 자료 중 ARColoring 자료의 압축을 풀고 안에 있는 파일들을 모두
유니티 프로젝트 창으로 옮겨줍니다. 그럼 프로젝트 창이 다음과 같을 것입니다.

〈그림 11-6. 프로젝트 창에 불러온 첨부 자료〉

두 개의 duck 사진 중에 색이 칠해지지 않은 사진을 뷰포리아 개발자 포탈에 들어가서 데이
터베이스에 등록해줍니다.

〈그림 11-7. 오리 타깃 이미지 등록〉

그리고 유니티 패키지 파일로 다운로드 받은 뒤 유니티 프로젝트에도 등록을 완료합니다.

〈그림 11-8. 오리 타깃 이미지 임포트〉

2. 오리 오브젝트에 색 입히기

계층 구조 창에 이미지 타깃 오브젝트를 생성합니다. 마우스 오른쪽 클릭을 하고 Vuforia, Image를 클릭합니다. 데이터베이스를 방금 등록한 오리 사진으로 변경합니다.

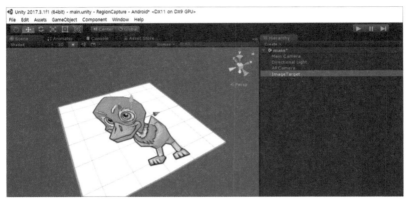

〈그림 11-9. 오리 타깃 이미지 오브젝트 생성〉

프로젝트 창에서 duck 오브젝트를 찾아 계층 구조 창에 있는 ImageTarget 오브젝트의 하위에 옮겨놓습니다. Duck 오브젝트의 크기와 방향을 맞춰줍니다.

〈그림 11-10. 오리 타깃 이미지를 인식하면 나타날 오리 오브젝트〉

ImageTarget 하위 오브젝트인 duck 오브젝트의 텍스쳐를 변경하도록 하겠습니다. Duck 사진 중에 흑백 사진(이미지 타깃에 이용한 사진)을 드래그해서 duck 오브젝트에 올려다 놓습니다.

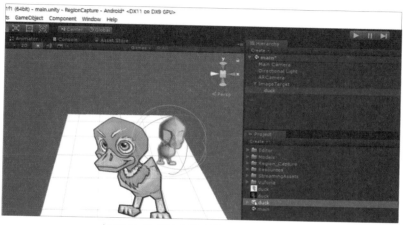

〈그림 11-11. 텍스쳐를 입힌 오리 오브젝트〉

Duck 오브젝트를 선택한 후 우측 인스펙터창 제일 하단의 메터리얼 컴포넌트를 확인합니다. Shader 우측 Standard 드롭다운을 클릭하고 Unlit, Texture를 선택합니다.

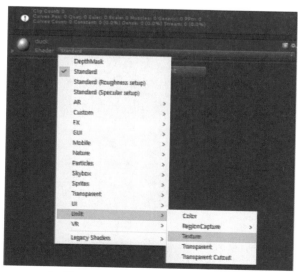

〈그림 11-12. 오리 오브젝트의 셰이더 변경〉

오리가 조금 자연스러워진 모습입니다.

〈그림 11-13. 자연스러운 오리 오브젝트의 모습〉

프로젝트 창에서 Region_Capturem Prefabs 폴더 아래에 있는 Region_Capture 프리팹을 계층 구조 창에 올려다 놓습니다.

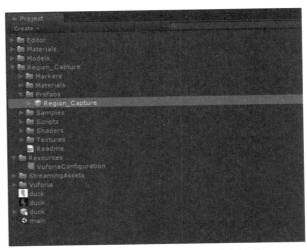

〈그림 11-14. Region Capture 프리팹의 위치〉

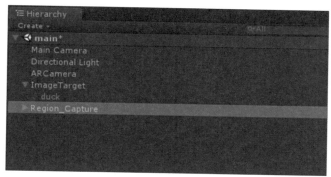

〈그림 11-15. 계층 구조 창의 Region Capture 〉

Region_Capture 오브젝트를 선택해고 씬 창을 확인해 보면 ImageTarget 오브젝트보다 크기가 매우 작거나 안 맞을 수 있습니다. Region_Capture의 크기를 ImageTarget의 크기와 동일하게 맞춰주세요. 동일해야 나중에 카메라로 인식을 하였을 때 오브젝트의 텍스쳐가 뭉개지지 않습니다.

〈그림 11-16. ImageTarget의 크기와 맞춘 Region Cature 오브젝트〉

프로젝트 창으로 돌아가 Region_Capture 폴더, Samples, Get_Texture 폴더 안에 있는 RC_Get_Texture 스크립트를 찾습니다.

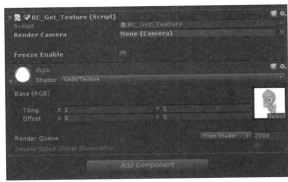

〈그림 11-17. RC_Get_Texture 스크립트의 위치〉

해당 스크립트를 드래그해서 계층 구조 창에 있는 duck 오브젝트에 올려줍니다. Duck 오브
젝트를 선택하고 우측 인스펙터 창에 있는 RC_Get_Texture (Script) 컴포넌트를 확인해보면
Render Camera 항목이 있습니다.

〈그림 11-18. RC_Get_Texture 스크립트의 Render Camera 변수 항목〉

해당 항목에 넣어야 할 오브젝트는 계층 구조 창에 있는 Region_Capture 오브젝트의 하위에
있는 RenderCamera 오브젝트입니다. RenderCamera 오브젝트를 드래그해서 해당 항목에
넣어주세요.

〈그림 11-19. RenderCamera 오브젝트의 위치〉

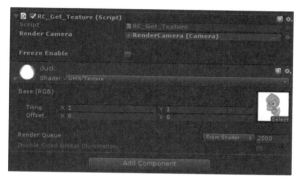

〈그림 11-20. RenderCamera 오브젝트를 연결〉

설정을 모두 완료하였으면 이제 유니티 상단 플레이 버튼을 눌러서 테스트를 해봅니다. 흑백
이미지 타깃을 색칠하고 카메라로 인식을 시키면 우측 오리 오브젝트에 색이 입혀지는 것을
볼 수 있습니다.

〈그림 11-21. 색칠한 이미지를 인식시켰을 때〉

주의해야 할 점은 인식시키는 카메라의 한 화면에 해당 이미지 타깃이 모두 나와야 한다는 점입니다. 만약 일부가 보이지 않거나 범위를 벗어난다면 오리 오브젝트에 투영되는 텍스쳐가 일그러지게 됩니다.

〈그림 11-22. 일그러진 텍스쳐〉

유니티로 증강현실 색칠하기 콘텐츠를 만드는 것이 생각보다 어렵지 않으셨을 것입니다. 하지만 본 콘텐트를 만들기 위해서는 오브젝트와, 오브젝트에 연결된 이미지를 만드는 과정이 필요합니다. 다시 말해서 직접 3D 모델링을 하고 해당 모델에 텍스쳐를 매핑하는 과정이 있어야 색칠하기에 사용할 수 있는 오브젝트들을 만들 수 있습니다. 해당 콘텐츠를 조금 더 전문적으로 만들기 위해서는 3D 모델러와의 협업이 중요할 것으로 보입니다.

찾아보기

한글

ㄱ

가상 버튼　103
가상현실　1
강체　184
게임 창　12
계층 구조 창　12
기본 에셋　189

ㄷ

다중 타겟 인식　69

ㄹ

레이 캐스트　70
렉트 툴　14
링크 트레이너　3

ㅁ

메테리얼　25
모노 에디터　8
모튼 하일리그　3

ㅂ

보로디노 전투　3
부모 오브젝트　29
뷰포리아　30
비디오 클립　49
빈 게임 오브젝트　27
빌드　239
빌드 세팅　30

ㅅ

센소라마　3
손 툴　14
스케일 툴　14
스크립트　70
스탠리 와인바움　3
씬　200
씬 창　12

ㅇ

안드로이드 JDK　236
안드로이드 SDK　235
안드로이드 빌드　239

안드로이드 스튜디오　232

에셋 스토어　65

오브젝트 타깃　121

유니티　5

이동 툴　14

이미지 타깃　42

인스펙터 창　12

입체 사진 뷰어　3

ㅈ

자식 오브젝트　29

ㅋ

캡처　118

ㅋ

코루틴　152

콘솔　73

ㅌ

태그　151

트랜스폼　27

ㅍ

파티클 시스템　53

프로젝트 창　12

프리팹　53

ㅎ

함수　72

혼합 툴　14

회전 툴　14

영어

A

Add Component　48

Anchor Stage　130

Animator controller　78

ARCamera　32

Audio Source　195

B

Battle of Borodino　3

box collider　76

Button　167

C

Canvas   141

Capsule Collider   183

Child Object   29

Clear Flags   134

Collision   182

Conditions   83

Create Empty   27

CrossPlatformInput   97

Cylinder Target   58

D

database   36

Destroy   190

Device Tracker   127

Device Type   135

Digital Eyewear   135

E

EventSystem   140

F

Filled   213

G

GetInt   217

Google VR SDK   241

Ground Plane Detection   125

Ground Plane Stage   128

GvrEditorEmulator   244

H

HMD   1

I

Image Target   42

Image Type   213

Instantiate   198

Is Kinematic   191

Is Trigger   186

L

License Key   34

Lighting   174

Link Trainer   3

M

Make Transition   82

Markerless   125

Material   25

Max Simultaneous Track Images   69

Mesh Renderer   193

MobileSingleStickControl   97

MonoDevelop   8

Morton Heilig   3

O

Od   118

On Click Event   167

OnTriggerEnter   186

Overflow Geometry   135

P

parameter   83

Parent Object   29

plane   47

Plane Finder   127

PlayerPrefs   215

PlayOneShot   196

prefeb   53

Q

Quaternion   157

R

Random   198

Rating   40

raycast   70

Region Capture   261

Render Mode   142

Reticle   144

Rigidbody   184

S

SceneManagement   207

Screen Space – Camera   142

Screen Space – Overlay   142

SDK 경로   238

Sensorama   3

SetActive   190

SetInt   217

Shader   162

Single Image Target   39

Skybox   173

Standard Asset   189

Stanely Graumman Weinbaum   3

start   72

Stereoscopic viewer   3

T

Target Manager   38

Tracking Mode   127

Translate   178

Trigger   186

U

UI   140

unitypackage   40

update   72

Use Gravity   184

V

Video Background   135

video clip   49

video player   48

VirtualButton   105

Vuforia   30

Vuforia Behaviour   33

Vuforia Configuration   33

Vuforia Object Scanner   114

W

WaitForSeconds   190

World Center Mode   134

World Space   142

X

XR 세팅   31

손에 잡히는 유니티 3D VR/AR

알짜배기 예제로 배우는 VR/AR 모바일 앱 개발

초판 2쇄 발행 | 2019년 3월 8일

지은이 | 최윤석
펴낸이 | 김범준
기획 · 책임편집 | 이동원
편집디자인 | 김옥자
표지디자인 | 김민정

발행처 | 비제이퍼블릭
출판신고 | 2009년 05월 01일 제300-2009-38호
주 소 | 서울시 종로구 중학동 19 더케이트윈타워 B동 2층 WeWork 광화문점
주문 · 문의 | 02-739-0739   **팩스** | 02-6442-0739
홈페이지 | http://bjpublic.co.kr   **이메일** | bjpublic@bjpublic.co.kr

가격 | 26,000원
ISBN | 979-11-86697-66-5
한국어판 © 2018 비제이퍼블릭